QING SHAO NIAN KE XUE TAN SUO YING

青少年科学探索营

未解之谜难题

张德荣 编著　丛书主编 郭艳红

史前文明：重复的时代

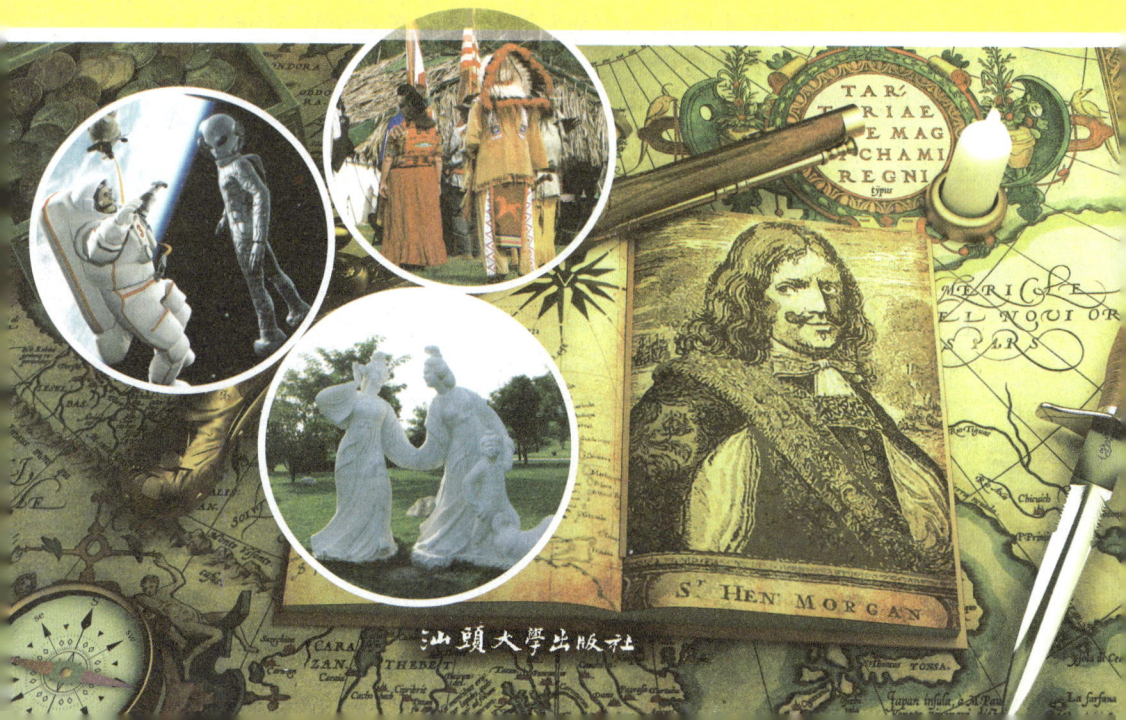

汕头大学出版社

图书在版编目（CIP）数据

史前文明：重复的时代 / 张德荣编著. -- 汕头：
汕头大学出版社，2015.3（2020.1重印）
（青少年科学探索营 / 郭艳红主编）
ISBN 978-7-5658-1650-5

Ⅰ. ①史… Ⅱ. ①张… Ⅲ. ①远古文化－世界－青少
年读物 Ⅳ. ①K11-49

中国版本图书馆CIP数据核字(2015)第026316号

史前文明：重复的时代　　　SHIQIAN WENMING：CHONGFU DE SHIDAI

编　　著：张德荣
丛书主编：郭艳红
责任编辑：邹　峰
封面设计：大华文苑
责任技编：黄东生
出版发行：汕头大学出版社
　　　　　广东省汕头市大学路243号汕头大学校园内　邮政编码：515063
电　　话：0754-82904613
印　　刷：三河市燕春印务有限公司
开　　本：700mm×1000mm 1/16
印　　张：7
字　　数：50千字
版　　次：2015年3月第1版
印　　次：2020年1月第2次印刷
定　　价：29.80元
ISBN 978-7-5658-1650-5

前 言

科学探索是认识世界的天梯，具有巨大的前进力量。随着科学的萌芽，迎来了人类文明的曙光。随着科学技术的发展，推动了人类社会的进步。随着知识的积累，人类利用自然、改造自然的的能力越来越强，科学越来越广泛而深入地渗透到人们的工作、生产、生活和思维等方面，科学技术成为人类文明程度的主要标志，科学的光芒照耀着我们前进的方向。

因此，我们只有通过科学探索，在未知的及已知的领域重新发现，才能创造崭新的天地，才能不断推进人类文明向前发展，才能从必然王国走向自由王国。

但是，我们生存世界的奥秘，几乎是无穷无尽，从太空到地球，从宇宙到海洋，真是无奇不有，怪事迭起，奥妙无穷，神秘莫测，许许多多的难解之谜简直不可思议，使我们对自己的生命现象和生存环境捉摸不透。破解这些谜团，有助于我们人类社会向更高层次不断迈进。

其实，宇宙世界的丰富多彩与无限魅力就在于那许许多多的难解之谜，使我们不得不密切关注和发出疑问。我们总是不断地去认识它、探索它。虽然今天科学技术的发展日新月异，达到了很高程度，但对于那些奥秘还是难以圆满解答。尽管经过古今中外许许多多科学先驱不断奋斗，一个个奥秘被不断解开，推进了科学技术大发展，但随之又发现了许多新的奥秘，又不得不向新问题发起挑战。

宇宙世界是无限的，科学探索也是无限的，我们只有不断拓展更加广阔的生存空间，破解更多的奥秘现象，才能使之造福于我们人类，我们人类社会才能不断获得发展。

为了普及科学知识，激励广大青少年认识和探索宇宙世界的无穷奥妙，根据中外最新研究成果，编辑了这套《青少年科学探索营》，主要包括基础科学、奥秘世界、未解之谜、神奇探索、科学发现等内容，具有很强系统性、科学性、可读性和新奇性。

本套作品知识全面、内容精炼、图文并茂，形象生动，能够培养我们的科学兴趣和爱好，达到普及科学知识的目的，具有很强的可读性、启发性和知识性，是我们广大青少年读者了解科技、增长知识、开阔视野、提高素质、激发探索和启迪智慧的良好科普读物。

目 录

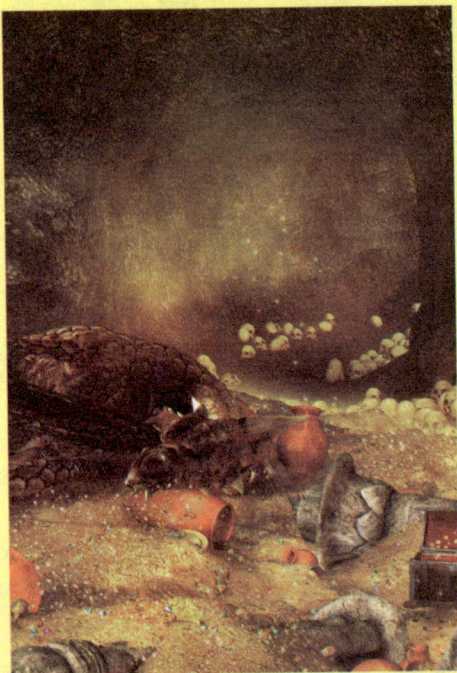

一亿年前的人造地图

科学家的发现

2002年9月6日下午16时，俄罗斯著名科学家亚历山大·丘维诺夫博士在一个新闻发布会上公布了一个惊人的消息：有充分的证据证明，在远古的乌拉尔山脉，存在过一个高度发展的文明。他和他的研究机构在乌拉尔山脉考古过程中发现了一块远古时代的石板：一块用高科技机器制成的三维立体地图。丘维诺夫博士称，初步估计，该"三维地图"石板的年龄至少有1.2亿年。

据丘维诺夫博士说，在没发现这块神奇的石板前，他们的研究主题：在几千年前，是否有中国古代人曾经居住在西伯利亚和乌拉尔山脉一带？因为在该地区的一些岩石上发现了一些像是3000多年前中国的甲骨文一样的文字。

科学家们通过研究所有乌法地区的档案资料，发现了一些18世纪末写成的档案笔记上，记载描述了200多块有象形文字和图画的远古时代的神奇石板。他们当时的想法是，这些石板可能跟古代中国在乌拉尔山脉的移民有一种莫名的联系。

神奇之石惊现地底

丘维诺夫说："我们要做的，就是努力寻找这个远古时代的文明，但随着研究的深入，我们发现，这些岩石上的图画和文字跟3000年前的那个时代毫无关系。在这些岩石上的图画中，根本一次都没有出现那个时代应该有的动物，譬如鹿什么的。"

科学家们先后组织了6支探险队考察了乌拉尔山脉无人区，终于在地底下1.06米的地方，挖掘出了这个石板，他们称它为"神奇之石"。这块石板长度是1.5米，宽度超过1米，厚度仅有0.16米，重量超过1 000千克。

许多科学家参观这块石板后认为，这是一块浮雕，是一个三维的立体地图。

刚开始发现这块神奇石板后，他们以为发现了一块2000多年前制成的产品。很明显，这块石板是人造的，它共分3层，用一种特殊的黏合剂贴在了一起，而第三层更像一种白色的人造瓷。尤其让人惊讶的是，石板表面的浮雕并不像是古代石匠用手工雕刻。

　　这块石板地图如果描绘的是它被制作时的地貌，那么，石板地图的历史至少也有1.2亿年。科学家曾设想，现在的乌夏克河可能就是由地图上的这条远古时代的峡谷演变而来的。

地图上竟有水力发电站

　　据科学家称，除此之外，还有更让人惊讶的，在三维石板地图上还雕刻着两个宽500米、总长度达12000千米的河道系统，在这个河道系统内，包括12道300米宽，10000米长，2000米多深的大水坝，这些水坝使水产生一个巨大的落差，能从一边很容易地倾泻向另一边，整个水道系统极像现代的水力发电站。

　　后来，相关人士猜想，如果当年真的建成过这个水道系统，那么，总共将有1000万亿立方米的泥土将被挖走。那将是几十个大金字塔的工程。但这也只是科学家的猜想，真正的答案还在研究当中。

延 伸 阅 读

　　我国在春秋时期就利用发明的各种天文仪器，如日晷和观星仪来绘制地图，精度可以控制在3%，虽然和现在的精准度无法相提并论，但对于那个时期的测绘工具来说，已经是很不容易的了。

七十万年前的月球开采

社会的流传

1950年，在社会流传过这样一件事，在一座玛雅庙宇中的一个圆形拱门上发现了一幅月球的地图，这是一幅月球的从地球上望不见的背面的地图。除非玛雅人曾经到过月球，或乘着某种飞行工具在月球附近的轨道上来往过，否则他们怎能绘成这样一幅地图呢？

　　前苏联和美国的宇宙飞船都拍摄到月球上的一些尖顶物。这些突起的尖顶物估计有12米至22米高，直径约为15米。著名研究UFO权威人士特伦奇说："它们像是由智慧的生命放置在那里的。"

　　前苏联的"登月9号"和美国"宇航2号"所拍摄的这些神秘的尖顶物是什么呢？能不能作为玛雅人70万年前在月球上从事过矿物开采的证据呢？或者，它们是不是现在仍在使用着的精密通讯装备的一部分？

大约在40年前，天文学家们发现在月球表面上有一些无法解释的"圆顶物"。特伦奇报道说："至1960年时，已经记录下来的就有200多个。"更奇怪的是，人们发现它们还在移动！从月球的一个部位移向另一个部位。

玛雅人来过月球吗

我们可以大胆地假设玛雅人在来地球之前一定先到过月球，因为要在地球这样一颗行星上登陆事先必须进行一番仔细研究。

在地球表面上70％是水，而浓厚的大气层又使地球上的细部很难辨识。

月球就小得多了，而且不受大气的干扰，相对来说也不大受地震、火山、洪水和辐射带的影响，玛雅人在X行星上建立起自己的基地之后就会很快去开采月球上的金属。不是着眼于月球全面矿层，而是先着手大量开采月球的金属核心。与此同时，还可以从月球那里研究我们这颗星，规模不大的勘探队和工程人员还可以随时访问一下地球。

玛雅人在月球上的活动进行得有多顺利呢？在宇航员成功地登上月球后，我们的天文学家和物理学家大吃一惊，发现月球和地球并不相同，前者并没有一个金属的核心。但是，月球上已取得的岩石标本证明，月球确实曾经有过一个熔化的金属核心。

月球核心下落之谜

看来一个像月球那样大小的天体的核心，当然远非20世纪的人类力所能及。但是，玛雅人是能够完成这项任务的，而且困难不会太大。月球上没有大气层，没有风暴，没有海洋，因而也没有大陆的漂移，也没有冰河期的威胁和虎视眈眈的土著人的干扰。在地球上，所有这些因素或其中的任何一个都可能干扰玛雅人的开采活动。

第一张月球背面的照片是1959年10月7日发射的苏联太空船"登月3号"拍摄的，此后，美、苏两国多次派遣了侦察卫星去拍摄月球背面的照片，拍过至今还没有公布的清晰的照片。现在，美苏两国好像对月球不感兴趣了，美国勘探月球的计划和安排也都取消了，苏美两国似乎对金星、火星和其他距离太阳远一些的行星有更大的兴趣。

有没有这样一种可能，玛雅人还生活在月球的表面下，因为那里温度的变化不那么剧烈，在那里可以躲开像暴雨那样袭来的小陨星，而且还有可能找到氧气和水蒸气。

在月球的表面还有10％没有观察和拍摄的时候，美苏两国就同时不干了。这又是什么缘故呢？难道是我们的科学家已经知道他们想知道的全部？或者已经知道了更多的东西？

月球上的秘密

尽管月球已经正式被判断为一个无生命的世界，但是还常常听到在它表面上发现讯号和某种亮光的报告。天王星的发现者威廉·赫谢尔爵士，1783年发现"在月球的阴暗部分有一处发光的地带。"

他用的是一个0.22米口径3米长的望远镜，一个月之后，他再次看到这个信号。当时，他误认为是月球上的火山活动。近年来对月球所做的勘探说明，在月球上不可能有火山活动，因为月球的核心不存在有导致火山爆发所必须具备的那种熔化的岩浆和巨大的热量。

　　然而1961年在亚利桑那州洛韦尔天文台，美国天文学家詹姆斯·格里纳克只在被称为阿里斯塔克斯的陨石坑处，看到了更多这样的信号，其他天文观测者也证实了他的观测结果。1958年前苏联天文学家库祖日夫从克里米亚天文台看到在阿方索斯陨石坑所在之处也有一个这样的红色信号，还有我们的宇航员也纷纷报告说，在月球上或其附近，看到过奇怪的信号或亮光。

　　很值得注意的是，就在库祖日夫观测到月球信号的一年之后，苏联第二次向月球的另一面派出了一艘太空船去拍摄照片，这是巧合吗？

　　火山之说已不足为据，对这些信号作何解释呢？我们认为这些信号是一种密码，是不是我们的科学家已经把它译出来了？这

也是他们热衷于注释玛雅文字的原因吗？会不会是玛雅天文学者在月球上的地道网连接着大大小小的"月海"，而从这些月海中，天文学家才看到了那些神秘的红色信号？玛雅人是不是把月球作为他们的通讯卫星呢？这还有待于科学家的进一步考证。

延 伸 阅 读

1969年7月16日上午，巨大的"土星5号"火箭载着"阿波罗11号"飞船从美国肯尼迪角发射场点火升空，开始了人类首次登月的太空飞行。

两千年前的化学电池

巴格达电池的发现

1936年6月盛夏的一天，伊拉克首都巴格达城外，修建铁路的工程正在热火朝天地进行着。工人们挥动铁锹，铲除了一堆土丘。突然发现地面上露出一块巨大的石板，石板上刻有许多波斯文字。

众人围拢上前，观看着这到底是什么东西。工人们继续向下

挖下去，此时竟挖出一个巨大的石板砌成的古代石棺。施工暂时停止了，伊拉克博物院的考古学家们立即赶来。

两个月过去了，巨大的石棺终于打开了，从中发现了大量公元前248年至226年古波斯时代的文物。但是，其中最令考古学家惊讶的不是613颗珍珠组成的捻珠和大量金银器，而是一些铜管、铁棒和陶器。

当时任伊拉克博物馆馆长的德国考古学家威廉·卡维尼格描述说："陶制器皿类似花瓶，高约0.15米，白色中夹杂一点淡黄色，边沿已经破碎，瓶里装满了沥青。沥青之中有个铜管，铜管顶端有一层沥青绝缘体。在铜管中又有一层沥青并有一根锈迹斑斑的铁棒，铁棒由一层灰色偏黄的物质覆盖着，看上去好像一层铅。铁棒的下端长出铜管底座3厘米，使铁棒与铜管隔开。看上去好像是一组化学仪器。"

经鉴定，他宣布了一个惊人的消息："在巴格达出土的陶制器皿、铜管和铁棒是一个古代化学电池，只要加上酸溶液或碱溶液，就可以发出电来。”这就意味着，早在公元前3世纪，居住在该地区的人就已开始使用电池，比18世纪由世界著名物理学家伏特发明的第一个电池还早2000多年。

后来，卡维尼格用陶制器皿、铁棒、沥青绝缘体和铜管组成了10个电池。几个月后，他在柏林公布了更为惊人的消息：“古代人很可能是把这些电池串联起来，用以加强电力。制造这种电池的目的在于用电解法给塑像和饰物镀金。”

卡维尼格这两个发现立即引起世界考古界的哗然。但是，他的论断却长时间未得到考古界的承认。正如此后访问巴格达的英国科学博物馆秘书长、化学和自然科学家瓦里物尔·温冬所说：“尽管他的论断颇有道理，但自然科学家很难相信，化学电池在伏特之前约1500年就诞生了。这个考古的发现若能在科学上确立，那么这将成为科学史上一个最大的事件！”

伽伐尼电池的发现

1938年，德国考古学家威廉·柯尼希在巴格达城郊进行考古挖掘时，发现了远古时代的一组伽伐尼电池！在距今2000年以前，人们是如何制造出这组电池的呢？

柯尼希发现的这组伽伐尼电池是铜外壳、铜芯。它的外壳是借助铝和锡固定好的，

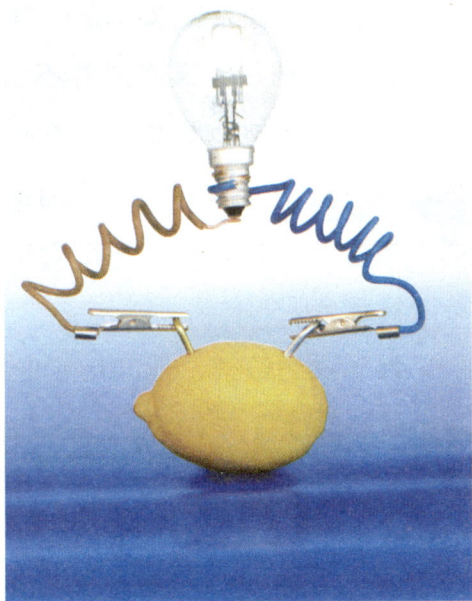

这两种东西的比例，现代人还在广泛采用。这一令人惊讶的远古发明物，同卡维尼格的巴格达电池是否可以用于镀金？时至今日，卡维尼格的观点仍未得到考古学界的普遍认可，但我们认为在巴格达出土的这两种姊妹电池在远古确实存在。

古人是否已经使用电池

德国考古学专家阿伦·艾杰尔布里希特仿照巴格达电池，制作了一些陶瓶、铜管和铁棒，从新鲜葡萄里榨出汁液，然后倒入铜管内。奇迹出现了，与电池相连的电压表指针移动起来，显示有半伏特的电伏。他有一个公元前5世纪的古埃及银像，银像外面镀着一层又薄又软的金箔。他认为这样的镀金用粘贴或镶嵌是办不到的，而他仿制的巴格达电池既然能够发电，是否还可以说明古人确实已使用类似巴格达电池的工具，用电解法给雕像镀金呢？

为了找到答案，他又用雕像做镀金试验。他将一个小雕像浸没在金溶液里，然后用仿制的巴格达电池通电，两个多小时后，一个镀金像便出现在他的眼前。经过反复试验，最后他宣称，他

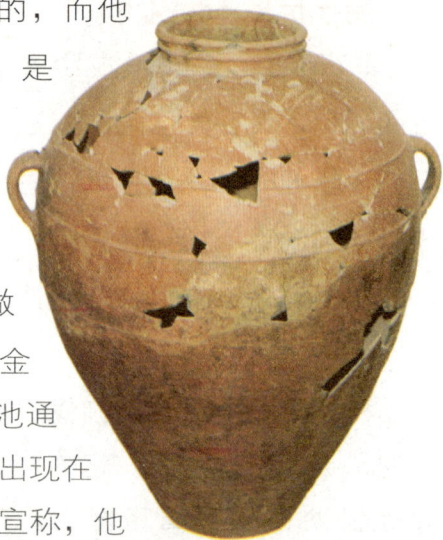

已经证实了卡维尼格的论断。

美国科学家也模仿巴格达电地进行了一系列试验。他们也成功地从电池中获得了半伏特电压，而且持续工作18天之久。试验中他们使用了多种溶液，其中有葡萄糖、硫酸铜、亚硫酸和浓度5％的醋等，而这些溶液早已为古人所使用。参加试验的科学家一致认为在巴格达附近发现的陶制器皿、铁棒和铜管除了用于制作化学电池外，别无他用。

科学家的研究

伦敦科学博物馆的物理学家沃尔特·温顿听到有关此次发现的报告后，对这只陶罐进行了细致的研究，他说："在铜制容器内放上一些酸，随便什么，醋也可以。转眼的工夫，你就有了一个能产生电压并释放电流的简单腔体。将几个这类腔体串联起来，便构成一个电池组，所发出的电流足以使电铃发声，点亮灯泡，或驱动一辆小型电动车。"

温顿指出，这件物品确实是电池，这是"显而易见和完全可信的"。他的唯一疑问来自于它的独特性质。考古学上的"一次性事物"始终是最难解释的发现。

其实，此前在巴格达附近的安息古城泰西封已经发现了其他陶罐，只是温顿并不知晓罢了。那些陶罐是与护身符等多种神秘物品一

起发现的。这种情况表明，炼金术士曾使用过这些陶罐，但我们仍然找不到它们作为何用途的线索。

温顿认为，最理想的是这只陶罐应同金属线一道被发现，能找到一系列此类陶罐，才是比较好的事情，因为有了它们，疑点便会烟消云散。然而，正如温顿于1967年所指出的，如果不是电池，它又会是什么东西？"我不是考古学家，所以我直接提出了最容易提出的科学答案。我看不出它还能有什么别的用途，也许有更好的答案，但至今我还没有听到。"

很多年过后，还是无人为这只神秘的陶罐提出真实可信的其他解释。而首要的事实仍然是：它作为一个电池工作得相当出色。美国进行过两项独立的实验，对陶罐及其内装物质的复制品做了测试。把醋酸、硫酸或柠檬酸当做电解质，注入铜管，模型便产生电压为1.5伏的电流，18天后电流才消失。

古人使用电池做什么

科罗拉多大学的保罗·凯泽指出，这些电池的使用者是巴比伦的医生，在没有电鳐鱼时，他们把它作为替代品使用，从而能起到局部麻醉的作用。

但是，在各种意见中，仍以伊拉克博物馆实验室主任、德意志考古学家威廉·柯尼希所作的解释最有说服力。他曾于1938年仔细研究过"巴格达电池"。柯尼希认为，将若干个这类腔体串联起来，从里面发出的电流可用来电镀金属。实验用复制品所产生的电压能够满足这项工作的需要。

事实上，为了给铜首饰包银，伊拉克的工匠们仍然在使用一种原始的电镀方法。这种技术可能是从安息时期或者更早的时候起一代代传下来的。3000余年以前，安息人便继承了近东地区的科研传统和公元前330年随亚历山大大帝入侵此地的希腊人的聪明才智。

我们可能永远也搞不清古代的电学实验究竟做到了何种程度。巴比伦泥板上确实列出了制作彩色玻璃的配方，但配方中往往夹杂着行话，只有行家才能看出其中的门道。

电镀的秘诀肯定是秘不外传的宝贵财富，或许从未以简洁易懂的形式见诸文字。好在伊拉克还有数百个坟冢未曾发掘，博物馆中也有数千块泥板，泥板上涉及科学的文字在等人翻译，古人所掌握的电学知识，其涵盖范围之广可能还会给人们带来种种惊喜。

巴格达电池留给我们的谜

埃及考古学家在埃及金字塔内发现一些远古时代的壁画，很明显，埃及古代雕刻家当时是在金字塔里雕刻此壁画的，洞穴漆黑，需要光才能做此精细的工作。但是，考古学家们却未在洞穴里发现任何火的痕迹，因为即使使用当时最好的火把或油灯，也

会留下"火"的痕迹。这是否意味着那时他们使用的是一种电池灯？

此推断也有一些根据，因这在附近的一个壁洞中还雕刻着另一幅壁画，画面很像巴格达电池和一盏电灯。

迄今为止，巴格达电池仍未被世界考古界承认。因此，它仍然属于科学之谜，不断吸引着世界考古学家、电气学家和化学学家们著书立说，进行科学辩论。我们相信，随着人类对科学的不断探索，这个重大的科学之谜一定会被揭开。

延 伸 阅 读

朱洛巴石盘，1938年，我国考古学家纪蒲泰等人在青海南部山地区挖出716块花岗石圆形体，极似现代的激光唱片。经测定，这些石盘大约是10000多年前的东西，含有大量的钴元素和其他金属元素，并且振荡频率特别高，这说明它长期用于高电压之中，仿佛石盘曾经带电，或者是某种电路的组成部分。

矿石中奇特的人造物

矿石中的发现

人类学会制造工具不过几十万年历史，然而，人们却从几千万年甚至几亿年前形成的矿石中发现人工制造的东西。

1844年6月22日，《时代》周刊报道：在位于伊德河畔的拉斯福德，采石场的一些工人在一块岩石中发现了一卷金线。尽管当初发现这些金线的具体位置已经无法确定，但可以确定的是拉斯福德地区的砂岩年龄为3.6亿年。

1845年，英国大卫·布鲁斯特爵士向"英国科学进步学会"提供了一份报告：在英国北部靠近邓迪市的金古蒂采石场的花岗岩

内发现了一颗钉子，据鉴定，这块花岗岩至少有6000万年的历史。

1851年，美国马萨诸塞州多契斯特镇进行爆破，从坚实的岩床中炸出了两块金属碎片。这两块碎片合拢后，竟是一个钟形器皿，高0.12米，宽0.007米，是用某种金属制成，有点像锌或锌与银的合金，表面铸刻着6朵花形图案，花蕊中镶有纯银，底部镌刻着藤蔓花环图纹，当地人誉为"精美绝伦"。

1852年，苏格兰一处煤矿中，在一大块煤炭中发现一件形状像钻头的铁器，而煤块表面无破损，也找不到任何钻孔。

包在煤里的铁锅

1912年，在俄克拉荷马州托马斯市电子厂里，当两个员工把煤铲进工厂的壁炉时，有一块煤太大了，于是工人们用了大锻锤猛击。煤块裂开了，他们吃惊地发现有个铁锅包在里面。

把铁锅拿掉后，裂开的两半煤正好拼成这个铁锅的模型。这

两名工人都签名证实发现了此物。经过几位专家检验，证实包住铁锅的煤块是从3.25亿年前的煤炭里挖掘出来的。

煤块中的合成金链

1976年，苏联瓦什卡河岸上，发现了一块拳头大的闪着白光的怪石。经分析，是一块稀有金属的合金，其中锡占67.2%，镧占10.9%，钕占8.7%，还有铁、镁、铀、钼，但没有铀的衰变物。专家们认为，这是一块人造合金，年龄不超过10万年，地球上没有类似的天然物，它很可能是用只有几百个原子的微小粉末原料，在几十万个大气压下冷压而成。对这样小的粉末物质，加如此高压即使是现代也无法达到。是谁，制造了这块合金？

1891年6月9日，伊利诺伊州的莫里森市，科尔普夫人正在填装煤斗。她发现有一个煤块太大，于是想把煤块打碎成几个小块。之后，煤块落地，分成了两半，而且恰好是从中间分开。就在这时，科尔普夫人发现在煤块中心镶着一个做工精致的金链子，大约有0.25米那么长。"它看起来很古老、很典雅。"科尔普夫人后来说。

看到这个金链，科尔普夫人当时第一个反应是，它或许是某个矿工不小心掉在煤块中的。但这个想法很快就被证明是错误的。当她把金链子从煤块中拉出来的时候，她发现，尽管金链子的中间已经变得松动，但靠在一起的两端却仍紧紧地镶在煤块中。

此外，科尔普夫人还发现金链子松动的地方在煤块中留下了一个很明显的圆形凹陷形状。由此可见，金链子存在的时间必然与煤块本身一样古老。于是她把金链子拿给了一位专家检验。专家最后断定，这是一个8克拉的金链子重12克。科尔普夫人后来于1899年逝世，把金链子转交给了她的一个亲戚，之后就下落不明了。

由于这个金链子被发现的环境比较奇特，因而当时的人们并没有给予它过多的注意，科学家们后来也没有进行深入的研究。所以，我们无法了解清楚它的制作工艺，也就无法搞明白它的来龙去脉。

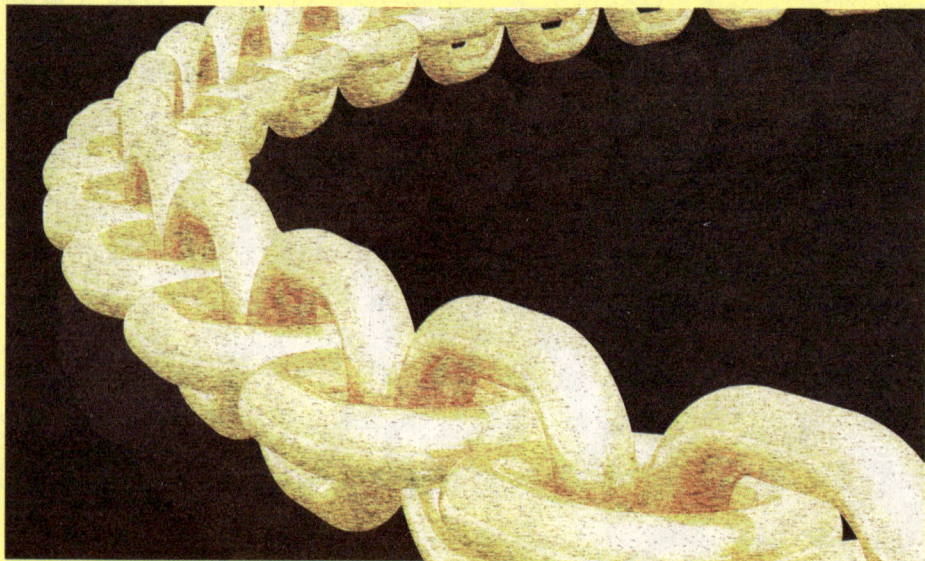

怎样解释这个发现

当地煤层的历史大约在2.6亿年至3.2亿年之间，无论从哪方面来讲，这个金链子的发现都是与众不同的。这预示着早在那个时期，就存在着某种文明，它的工艺水平已经达到了金链子所体现的精湛程度。

有三种理论可以解释这个发现：第一，我们现有的有关人类进化的理论是错误的，文明社会的人类早在恐龙时代早期就已存在；第二，我们现有的有关煤的形成期只有数千年，而不是我们通常所认为的几百万年；最后一种，同时也许是传统理论学界最愿意接受的一种解释，就是所有这一切都只是一种误会，甚至是一个骗局，从一开始就是报纸发行人为了扩大销售量而故意用耸人听闻的故事来吸引读者的结果。

然而，让我们看一下当时有关这个消息的报道以及那一份报纸的总体情况，我们就会发现这绝不是耸人听闻。我们可以感觉到整篇文章是低调的，表明该报的发行人对此采取了非常谨慎的态度。

如果说文章中有什么夸夸其谈之处，那么编者的意图也只是为了能尽量让更多的人了解到这样一件神奇的事情的确是发生了。正如当时文章中所说的："面对这件笼罩着神秘色彩的文物，想到地球经过无数万年的运动，形成一个又一个的地层把它深深地掩埋于地下，我们怎么能平心静气？"

我们很难把这篇文章简单地看做是一个骗局，也许其中确有不尽翔实的地方，但至少我们从文章中很难找出。应该说这篇文章的格调是以诚实为主的，同时诚实中还带有点天真。

参与对这件文物的研究以及文章报道的人都受过良好的教育，有着丰富的知识。因此，公正地说，这篇文章在细节上是准确的，此外，无论迟疑与否，他们都自信其中并没有一处不确切的地方，更不会是一场骗局。在他们看来，这个发现所揭示的是一种我们迄今还从未遇到过的异常现象，也是我们必须研究清楚的。

金链子之谜

只有有了文化，才能产生工艺技术。而工艺技术发展的最大体现就是无数工具、武器、器皿、宗教形象和骨器的出现。

原始人群出于生存的目的，每天不得不与大自然进行抗争，也正是这种斗争促进了他们不断地发展、进步，进而产生了艺术。经过多年的生活积累，他们逐渐确定了自己所崇拜的宗教形象。这些宗教形象既有男人，也有女人。

据考证，原始人群制造这些宗教形象一般来说是举行宗教仪式的需要，但有时也用于装饰珠宝。把形态各异的宗教形象雕刻于黄金或白银首饰上就突出地表现了这种文化的进步。

在原始人群中，打制黄金链子是一件专业的、艰巨复杂的事情，而绝不可能是随便某一个人简单地把一些黄金穿在一起，之后便在捕猎猛犸或霸占他人妻子的时候偶尔戴在他或她的手腕上的。此外，一个做工细致的金链子也不可能由石制工具打制而成。

由此可见，这个黄金链子代表了一个已历经数千年发展的文化，而这个文化显然不同于古埃及文化，也不同于两河流域或古代我国的文化。

众所周知，8克拉的黄金不能算是真正意义上的黄金，而只能算是一种合金，因为按比例，黄金在其中只占1／3，2／3是其他金属，多数情况下都是铜。这又是一个令人困惑的事情：直至维多利亚女王时代，合金技术才开始流行，但他们当时通常制作的是15克拉，也就是黄金占60％以上，并且上面印有明显的纯度标记，迄今为止还没有发现过出产于那个时代的8克拉黄金制品。

因此，我们可以初步肯定这个发现证明了曾有一个高度发展的文化早在恐龙时代之前就已存在。当然，真正的谜底还有待于科学家进一步的考证。

延 伸 阅 读

2008年，秘鲁发掘出一条有近4000年历史的黄金项链。这次发现的项链以9颗金珠制成，这9颗珠嵌于若干个圆筒中，并以一块粗糙青石的11个圆角点缀，中央的金珠附有一块贯穿中央一个小孔的土耳其石。

埃及的远古飞机雕模

古庙壁画上的飞行物

1879年，英籍考古学家韦斯在埃及东北部荒芜沙漠中的古庙遗址内的浮雕壁画中，发现一个奇怪现象，就是看见与现今飞机形状极其类似的浮雕，以及一系列类似飞行物体。有的图案状似今日直升机，有图案状似潜艇或飞船，甚至还有形似UFO的，它们竟然出现在3000年前的古埃及。

在世界历史中，不少远古民族在发展语言和文字之初，均以壁画记载历史。 出现在庙宇中的浮雕，也应该是古埃及人用以记载某一件事或表达某一种意思，但3000年前的人可以预言至今日的文明产物吗？在3000年前，即使是外星文明曾经降临过古埃及，当时的人也未必有直升机和潜艇这些概念。并且，如果壁画内的UFO是外

星人的，又为何要与现代文明的飞机画于同处？

埃及古墓中的飞机

1898年，有人在埃及一座4000多年前的古墓里发现了一个与现代飞机极为相似的模型。这个模型是用当时古埃及盛产的小无花果树木制成的，有31.5克重。因当时人们还没有飞机这个概念，便把它念为"木鸟模型"，模型现在放在开罗古物博物馆。

直至1969年，考古学家卡里尔·米沙博士获得特许进入这个博物馆的古代遗物仓库，发现了许多飞鸟一样的模型。这些飞鸟模型有个共同特点，即都有鸟足，形状半人半鸟，而模型除了头有些像鸟外，其他部分都跟现在的单翼飞机差不多。有一对平展的翅膀，一个平卧的机体，尾部还有垂直的尾翼，下面还有脱落的水平尾翼的痕迹。

科学家的研究

为了弄清这架飞机模型的本来面目，米沙博士建议埃及文化部组成特别委员会进行专门调查研究。1971年12月，由考古学家、航空史学家、空气动力学家和飞行员组成的委员会开始了对这架飞机模型进行研究。

经鉴定，许多专家认为，它具有现代飞机的基本特点和性能：机身长0.15米，两翼是直的，跨度0.2米，嘴尖长0.03米，机尾像鱼翅一样垂直，尾翼上有像现代飞机尾部平衡器的装置。

尾翼除外形符合空气动力要求外，还有反上反角的特点，使机身有巨大的上升力。机内各部件的比例也很精确，只要稍加推动，还能飞行相当一段距离。所以，一些专家们断定，这绝不是古埃及工匠给国王制造的玩具，而是经过反复计算和实验的最后成品。后来在埃及其他一些地方，又陆续找到了14架这类飞机模型。

世界各地的飞机模型

更令人奇怪的是，在南美洲的一些地方，也发现了一些与古埃及飞机模型极为相似的飞机模型。在南美的一个国家的地下约780米深的地方，挖出了一个用黄金铸造的古代飞机模型，跟现代的B-52型轰炸机十分相像。据科学家们分析，这架飞机的模型不

但设计精巧，而且具有飞行性能。

1954年，哥伦比亚共和国在美国的博物馆展出过古代金质飞机的模型。后来在南美其他国家也陆续发现过这类飞机模型。埃及与南美之间的飞机模型之间有什么内在联系吗？是埃及人驾机曾经飞到过南美洲吗？既然4000年前的人已经发明了飞机，可为什么直至1903年才有了世界上的第一架飞机呢？古代人是凭借什么方法制造了飞机的呢？

延　伸　阅　读

1903年12月17日，美国莱特兄弟研制的"飞行者"试飞成功，实现了人类历史上第一次驾机进行动力飞行，标志着人类征服天空的梦想开始变为现实。

英国的巨石阵遗迹

古人智慧的结晶

巨石阵是个谜一样的遗迹，1000多个遗迹几乎遍布了整个英伦地区。这些巨大而高耸的石块，被竖立在荒野，在山脚，甚至在过去的沼泽地区，而共同的特点是所在地并不是石场，这些石块就如同金字塔的石块一样，是从远处搬移过来的。

数千年前的人似乎对石头颇有一套办法，他们不仅能轻松地搬运它们，而且能随心所欲地切割它们，安置它们，将它们放置到准确的位置上。巨石阵的建造者，将原本粗糙的表面刨光后，锐利的边缘也会磨成平滑的弧度，他们还会精巧地挖出孔洞，让

木桩能够穿过。

　　现代考古学家认为，这些石阵有某种历法和宗教上的目的，到目前为止，并没有直接的文献或纪录可以证明这件事情。但是考古学家们研究的结果，似乎可以稍稍解释出秘密的一部分。巨石阵位于英格兰岛南部，是最有名的巨石阵。根据推算，它已经有4000年以上的历史。巨石阵距离索尔斯巴利约16000米，现在所剩下的石头大大小小有38个。

　　石头因为经过长时间的风吹日晒，表面产生了许多奇形怪状的凹洞。巨石阵排列成一个同心圆的形态，石块大致为长方形，但却直立在地面之上，高度超过4米。而在相邻的石块之上，还有另外一块石头横躺在顶部，或横跨2块，或4块，排列成一幅奇特的图案。

　　组成石阵的石块，是一种产自威尔斯南部皮利斯里山的青石，距离石阵现在地点有400千米，依照所搜集的一些证据显示，这些巨大的石块是在冰河时期由冰河运送至此。但到底是谁建立的？为什么建立？没有一派学者能解释。

巨石阵之谜

整个巨石阵的结构是由环状列石及环状沟所组成，环状沟的直径将近100米，再距离巨石阵入口处外侧约30米的地方，有一块被称为"席尔"的石头单独立在地上，如果从环状沟向这块石头望去，刚好是夏至当天太阳升起的位置，因此部分的学者认为巨石阵应该是古代民族用来记录太阳的运行。

但是在1963年，波士顿大学天文学教授霍金斯提出了更惊人的理论，他认为巨石阵事实上一部分可以预测及计算太阳和月亮轨道的古代计算机。当时这个理论的确引起了极大的震撼及批评，但是近代学者的研究却发现，他的说法正确性越来越高。我们来看看这些学者的推论是什么。

学者们的推论

巨石阵在史前时代分为三个时期建造，前后将近1000年。第一期大约从公元前2700多年开始，考古学家称之为"巨石阵第一期"。在这一时期中，最令人费解的事是被称为"奥布里洞"的遗迹。这些洞是17世纪一位古文物学家约翰·奥布里发现的。这些洞位于环状沟的内缘，同样围成一圈，总共有56个。这些洞是挖好后又立刻填平，并且确定洞中未曾有石柱竖立过。

为何当初要挖56个，而不是十的倍数呢？这令研究学者极伤脑筋。根据牛津大学亚历山大·汤姆教授的研究指出，在综合英国境内其他环状石遗迹的研究后发现，这些洞的排列与金字塔的构造有相同的地方，就是它们同样运用了"黄金分割比"。

汤姆以英国环保局所绘制的标准地图为准，将4号、20号和36号洞穴连接后，便出现了一个顶端指向南方的金字塔图形。其后两个建造期的技术层次及规模都提高了，显见建造石柱群的人绝非未开化的原始民族。

霍金斯认为，巨石阵中几个重要的位置，似乎都是用来指示太阳在夏至那天升起的位置。而从反方向看刚好就是冬至日太阳降下的位置。除了太阳之外，月亮的起落点似乎也有记载。

不过月亮的运行不是像太阳一样年年周而复始，它有一个历时19年的太阴历。在靠近石阵入口处有40多个柱孔，排成6行，恰巧和月亮在周期中到达最北的位置相符，所以6行柱孔很有可能代表6次周期，也就是6个太阴历的时间，观测及纪录月亮的运行需要100多年的时间。

三个重要时期

在公元前3300年至公元前900年这段时间中，巨石阵的建造有几个重要的阶段。

公元前3000年之前，这段时期的巨石阵分布在爱尔兰海以及爱尔兰—苏格兰海路信道的周边地区，数量不多但却令人印象深刻，直径超过30米以上，在圆阵之外都有一个独立石，似乎是一种宣告"此地已被占有"似的标示。

公元前2600年左右，金属被引入不列颠全岛，坚硬的凿刻工具被制作出来，这个时期的巨石阵更精致完美，有的巨石直径超过90米。然而一些其他主要的石阵则小多了，一般只有18米至30米。它们有个特殊的现象，就是除了圆形石阵之外，还会现椭圆形的石阵，长轴方向指向太阳和月亮的方位。

数目在宗教上也呈现一个有趣的现象，我们发现不论巨石阵的圆周有多大，各地的立石数量都有独特的数目，如英国湖区的数量都是12个，赫布里底群岛地区的则是13个，苏格兰中部则是4个、6个或8个，陆地之角是19个或20个，而爱尔兰南部是5个。

公元前2000年，在这个最后时期，以传统方法建立的巨石阵数量便开始减少。整体形状也不是很完美，不是呈现椭圆形就是扭曲的环状。在规模上也大不如前，有的直径还不到3米。这是否意味着传统的精致技术已经渐渐失传？没有人能够再了解制作这些工程浩大的巨石阵背后真正目的，而我们也从此失去了许多的宝贵知识。

巨石阵与天文现象有关吗

在英国索尔兹伯里以北有一个被称为"巨石阵"的石块群。巨石阵的主体是直立在平原上的一根根排列成圆形的巨大石柱。每根石柱高4米，宽2米，厚1米，重达25吨，两根最大的拱门石柱重50吨。考察者在巨大石阵内发现了由56个石柱围成一个圆形的坑穴群，坑内装满了人的头骨、骨灰，以及骨针、燧石等日用品。

早在200多年前就有人注意到巨石阵的主轴线指向夏至时日出的方向，其中两块石头的连线指向冬至时日落的方位。英国天文学家指出石阵的中心与一块石头的连线说明巨石阵与天文现象有关。

在巨石阵中，有一块指向5月6日和8月8日日落的位置，而中心与另一块石头的连线指向2月5日和11月8日日出的位置。因为这4天大致就是立夏、立秋、立春和立冬4个节气的时间，所以他认为建造巨石阵的人们已经有一年分8个节气的历法了。

20世纪60年代初天文学家纽汉又找到了指向春分和秋分日出方位的标志，并且他还指出标号为91、92、93和94的4块石头构

成一个矩形，它的长边指向月亮最南升起点和最北落下点的方位。天文学家霍金斯又找出了许多新的指示日月出没方位的指示线，因此他认为巨石阵中的56个奥布里洞能预报月食。天文学家堆伊尔则认为巨石阵更能预报日食。

但有不少人对巨石阵是古代天文观测台的说法表示怀疑，因为这些巨石需要到遥远的威尔斯山区去搬运，要动用150万个劳动力极强的人来建造，这在当时是极为困难的工程。再说对那圆形坑穴中的人骨等现象也解释不清。

延 伸 阅 读

2011年，英国考古学家在英格兰威尔特郡著名的"石圈阵"附近挖掘一座石器时代的寺庙时，意外发现了距今4500年的桑拿浴遗迹。该遗迹的发现为"石圈阵"再添神秘色彩。英国遗产学者吉姆表示，从建筑的平面图上来看，这座建筑几乎完全由一个巨大的炉膛所控制。

荒凉高原上的文明遗迹

有河流的台地

　　撒哈拉壁画位于阿尔及利亚境内撒哈拉沙漠中一个名叫塔西里的荒凉高原上，故又名塔西里壁画。这里原来有一座名叫塔西里的山脉，绵延800千米，平均海拔1000多米，最高峰2300多米，岁月的洗礼使这条山脉变得宛若月球表面一样肃杀萧瑟，寸草不生，人迹罕至。

　　而在遥远的古代，这里曾有过丰富的水源、茂密的森林和广阔的牧场。塔西里，在土著的土阿雷格人语言中意思是"有河流的台地"，然而很长时间以来，这里早已是河流干涸，荒无人烟，只留下河流侵蚀而成的无数溪谷和一座座杂乱无章耸立着的锯齿状小山，以及巨大的蘑菇状石柱，似乎在向世人无声地倾诉这里曾发生的一切。

　　20世纪初，法国殖民军的科尔提埃大尉和布雷南中尉等几名军官，在阿尔及利亚阿尔及尔南部500千米处一个尚未被征服的地区巡查时，偶然地发现了这里的壁画，他们感到十分好奇。

据布雷南追记："1933年，我在率领一个骆驼小分队侦察塔西里高原时，接二连三地发现了好几个'美术馆'，展品真不少，内容有猎人、车夫、大象、牛群以及宗教仪式和家庭生活的场面。我被这些画面深深地打动了，于是就花了大量时间摹描下了这些艺术品。"

史前人类的生活画卷

塔西里的岩画共有数万件彩绘和雕刻图案，大部分壁画表明撒哈拉沙漠曾是一片水草丰茂、牛羊成群的世外桃源。

最早的壁画可以上溯至中石器时代，距今10000年左右，最晚

的壁画大约属于公元前后的作品，前后延续了近万年。不同时代壁画的题材、内容各不相同，风格各异，有的潦草，有的严谨，有的稚嫩，有的凝练，百姿纷呈，令人目不暇接，它们记载了法尔拜族、利比亚族、土阿雷格族等民族在此活动的情况。

岩画中最古老的画面是生活在公元前8000年至6000年前的史前人类绘制的，笔触稚嫩，描绘的一些绛紫色的小人，体型极不匀称，头颅又大又圆，而腿和胳膊细如芦柴。他们可能是那些以狩猎和采集为生的黑色人种描绘的，因为岩画中有纹身和戴着假面具的人物，这种风俗习惯与黑人的完全相同。

在洞穴中有一个高5.5米的巨人画面，两只手，圆头，耸着肩膀，头上似乎贴了4块金属片，脸上没有鼻子，两只眼睛七歪八扭，仿佛毕加索的作品，因为其他数千幅壁画图案都不是很写意的，唯独这幅巨人像特别抽象，洛特百思不得其解，就给他起名叫"火星神"。

瑞士空想家丰·丹尼肯认为大火星神穿的不是宇宙服就是潜水服，而且头上戴着球形头盔安装有天线，显然是星外来客。其实看似头盔和天线的东西，实际上是装饰着羽毛的头巾，况且在凹凸不平的岩面上的人物画不一定是按照垂直方向整齐描绘出来的，所以丹尼肯将它推测为宇宙人是牵强附会的。

这一时期岩画中，无头的人物、奇形怪状的物品比比皆是，类似的画面在西亚安纳托利亚高原地带新石器时代早期的遗迹中也有发现，然而大多数都无法解释。

在这一时期的画面上出现了婚礼、宴会及割礼仪式的场面，

还有一群人围着一个手执"魔杖"寻找水源的人的情景，此外还可以看到几个小孩合盖一条毯子睡觉，一群妇女在搭凉棚，一个人摇晃着一个醉酒之人欲使其醒来，一只狗正在狂吠……这些栩栩如生的田园风光式的画面再现了昔日撒哈拉居民宁静安详的日常生活情景。

大约至公元前5000年至公元前4000年左右，塔西里岩画作品中，出现了放牧牛羊、半圆形房屋、舞女、战争以及日常生活等场面。狩猎画面也很多，从驱赶鸟兽到用弓箭射取猎物的全过程在岩画上都得到反映。画风完全是采取写实的手法，构图巧妙，色彩鲜艳。

据推测，这些岩画是由至今仍生活在撒哈拉沙漠南部的法尔拜族人描绘的，因为无论从发型、帽子、武器、住宅，还是从一夫多妻制等方面来看，两者完全相同。他们在撒哈拉牧草丰茂的时候赶着牛群，由东非迁徙而来。这一时期塔西里的绘画艺术达到巅峰。

撒哈拉壁画的制作方法

撒哈拉壁画的主要颜料采自页岩。绘画时，先将颜料磨成粉末，用水稀释溶解，加入树脂、动物油、血、蜂蜜、尿等材料，制作成液体或糊状使用。

在一些遗址中还发现了溶化颜料用的石器皿和石盘，以及研磨颜料用的小石臼，绘画工具用手指、笔或毛刷等，笔和毛刷是用草、头发、羽毛以及削过的细树

枝加工而成的。

　　塔西里壁画令人流连忘返。来到塔西里观光的游客，环顾一望无垠的大漠，不能不发出这样的奇想：茫茫大漠中还会有神秘的岩画和不为人知的宝藏吗？

延 伸 阅 读

　　塔西里的岩画可以分为四个时期，即狩猎时期、饲养牲畜时期、牧人时期和骆驼时期。该遗址的史前窑洞艺术，成为世界上最重要的窑洞艺术群之一。15000多幅画和雕刻艺术记录了从公元前6000年至第一世纪撒哈拉气候的变化、动物的迁徙以及人类生命的进化。

远古时期的地下古隧道

古隧道中发现古剑

2011年8月8日，以色列考古学家在耶路撒冷公布，在一条古隧道中发现了约有2000年历史的古文物，其中包括一把剑。

据了解，这条隧道是一条古代排水管道，建于2000多年前，由古罗马时代工程师设计建造，是古耶路撒冷主要地下隧道之一。这条隧道主要任务是排放雨水，但是在公元70年罗马军团摧毁了犹太人的圣殿"第二圣殿"之后，一些犹太反抗者就把隧道作为藏身之处。

考古学家挖掘出

的一件罗马军团曾经使用过的剑，这把剑长约0.6米，虽然经历了近2000年的岁月，皮革制成的剑鞘仍留在剑上。此外，考古学家还挖掘出了古人使用的钥匙。

南美洲发现的古隧道

20世纪70年代，人们在南美洲发现了一条玛雅人的古隧道，据估计它至少有50000多年的历史，而实际上它的年代更为古远。这条隧道离地面250米深，仅在秘鲁、厄瓜多尔境内就有数百公里长。隧道的秘密入口由一个印第安部落，即古代玛雅人的后裔把守着。他们说，这里是"神灵"居住的地方，他们遵守祖训，世世代代守在这里。

在古隧道里，考古学家发现了许多远古文物，这些物品放在隧道里的不同洞穴中。使考古学家们兴奋的是隧道中有一些刻有符号和象形文字的金属叶片，还有不同形状和色彩的石器和金属制品。遗憾的是没有人能破译这些文字。

隧道的穴壁很平滑，似乎经过打磨，与地面成直角。穴顶平坦，像涂了一层釉，不像是天然形成，而像是某种机械削切的结果。隧道中有个大厅，长164米，宽153米，里面放着像桌子、椅子似的家具。

令人奇怪的是这些物品的材料很特殊，既不是钢铁、石头，也不是塑料和木材，而它又似钢铁和石头那样坚硬和笨重，在地球上还没有发现过这种材料。大厅里面有许多金属叶片，大多在长约1米，宽0.5米之间，厚度约0.02米，一片一片排列着，像是一本装订好的书。金属片上都写有很多符号及象形文字。据专家认定那些符号是机器有规律压印上的结果，目前已发现3000多片。

隧道里还有许多用黄金制作的图案，其中有两块雕刻的是金字塔。每个金字塔旁边都刻着一排符号，还有一个用黄金雕刻的

柱子，这个柱子长0.52米，宽0.14米，厚0.038米，柱子上刻有56个方格，每个方格里都有奇怪的符号。

其他地方发现的古隧道

英国考察队在墨西哥马德雷山脉也发现了地下隧道，这条隧道可通往危地马拉。每当拂晓，地下隧道发出敲鼓一样的声音，声震远方。

苏联阿塞拜也发现了一条古代地下隧道，隧道里有一些20多米高的大厅，还有很窄的拱形门。据说洞中不时发出奇妙的声音和光。

据考古探测和远古文献记载，考古学家推断地球上很可能有一条穿越大西洋底，连接欧、亚、美、非的环球地下隧道，这些古隧道又很可能是古代玛雅人的杰作。

早在20世纪40年代，美国人拉姆在墨西哥的恰帕斯州密林考察时就发现了一条远古隧道。

1942年3月，美国当时的总统罗斯福会见了刚刚从墨西哥

的恰帕斯州进行考古研究回来的戴维·拉姆夫妇。拉姆夫妇给总统带来一个惊人的消息，他们终于发现了传说中守卫墨西哥地下隧道的白皮肤的印第安人。

据拉姆夫妇回忆，当他们横穿当地密林时，被一些皮肤呈蓝白色的印第安人包围，并要求他俩立即按原路返回。他们早就听说，在恰帕斯的腹地存在着早已荒废的玛雅人城市。在这些城市地下分布着构成网络的隧道，他们此行的目的就是要查出这种传闻的真相。

17世纪，一位西班牙传教士发现了中美洲危地马拉的一条地下隧道。从地图上看，它位于安第斯山脉地下，长达1000千米以上。为了保护隧道，待将来人们掌握了足够的科学技术再来开发，这些被发现的地下隧道的入口又被秘鲁政府封闭并严加看守，该隧道被联合国教科文组织列为世界文化遗产。

德国作家冯·丹尼肯曾进入过这个隧道。在隧道中，他极其惊讶地见到了宽阔、笔直的通道和涂着釉面的墙壁。多处精致的岩石门洞和大门，加工得平整光滑的屋顶与面积达20000多平方米的大厅，还有许多每隔一定距离就出现的平均1.8米至3.1米长，0.8米宽的通风井。

隧道内还有无数奇异的史前文物，包括那本许多民族远古传说中提到的金书。隧道那种超越现代人类智慧的严密、宏大与神奇，使这位以想象大胆著称的作家也惊得目瞪口呆。他毫不怀疑地认为，这是我们这个世界上最宏大的工程，也是世界上最大、最难破解的谜。

丹尼肯拍下了几张有关隧道的照片。他认为隧道是用高科技的超高温钻头和电子射线的定向爆破以及人类现在还不具有的某些技术开凿成的。

隧道中的雕刻之谜

玛雅人的雕刻和壁画是玛雅文化中的一个重要组成部分，现在所破解的玛雅文化几乎是从其中得到的启发，然而又有很多古怪的雕刻同样给后人留下了千古谜案。

在玛雅古城的废墟中，史前学家们曾发现了一个奇怪的石刻，据测定是30000年以前的物品，现今存放在秘鲁国立大学博物馆里。石刻上是一个古代玛雅人手持管状物，贴放在眼前，朝向天空。玛雅人手持的管状物引起天文学家的极大兴趣。

在玛雅文化的重要古城巴林卡遗迹中，有一幅雕刻在金字塔石板上的壁画，画面是一个人坐在一个鱼形装置里，手里似乎紧握着操纵杆状的机械，鱼前端有处开口，飞行时纳入空气，鱼的尾部喷着许多火焰。这个图画表示鱼形火箭在向前飞行。

在玛雅人生活过的阿亚库乔港的一片茂密的丛林里，有一块3000平方米的巨石。每到早晨，旭日东升，阳光从某一个特定角度照射来，这块巨石上就会显示出很多奇怪的图像。等太阳升高，角度转移，这些图像又随之消失。

显然，当年雕刻这些图画

的玛雅人是很精通光学原理的。他们根据光的照射角度，巧妙地运用了雕刻的角度和深度，使人们只能在特定光照角度才能看到这些雕像。这些图像共有7幅，其中已辨认出的有大蛇、大钟，以及穿着特殊装束戴着武士盔甲形态的怪人。

延 伸 阅 读

美国佛莱斯诺市华埠的地下，有一条秘密的砖壁隧道。一群考古学家使用探地雷达，探索从一个废弃已久、肮脏到难以想象的地下室延伸的地下隧道。这里曾是一些人的栖身之处，也是一些只有在地下才得以进行的活动场所。

神秘的史前文明古物

南非金属凹槽球

史前古物证明在人类文明出现之前，可能存在过另外一个由智能生物统治的世界，他们的文明曾经高度发达却最终灭绝。

很多年前，南非的矿工挖出一些神秘的金属球。它们的起源无从得知，这些球直径大小约为0.025米，其中一些球的"赤道"附近刻着3条平行凹槽。这种球分为两种：一种是实心的蓝色金属夹带白色斑点；另一种则是空心的，内部填充柔软的白色物质。据说这些金属球是在前寒武层中被发现的，距今已经有28亿年的历史了。

金属球来自南非德兰士瓦省附近的叶蜡石矿中。它们是天然形成的，共有两种：埋藏较浅的球暴露在叶蜡石中，是针铁矿结核；埋藏较深的球没有碰到叶蜡石，是黄铁矿结核。

地质学家认为叶蜡石的来源是史前沉积的黏土或火山灰，那些沉积物在埋藏的过程中遇到了一定的压力和温度，慢慢变成了叶蜡石，地质上叫"变质作用"。黄铁矿结核是黄铁矿的一种常见的存在形式，也是由变质作用形成的。针铁矿结核则是黄铁矿结核遇到叶蜡石后产生化学反应形成的。

在以上这些物质中，只有黏土或火山灰是28亿年前的，叶蜡石和黄铁矿结核的年代都要晚一些，针铁矿结核比黄铁矿结核的年代更晚。

据说其中一些金属球上有环行的凹槽，但天然形成的结核上没有凹槽，因此有人认为它们代表了一个史前文明。当然我们还可以假设，有人事先在一些铁结核上雕刻好凹槽再埋入地下，但是经过亿万年的变质作用，那些凹槽都会被抹平。

实际上，在强大变质作用下，没什么东西能保持原样。所以当现代的你看到了这些凹槽，便可以说，它们确实是人造的，但是在铁结核被挖出来以后，是谁，为了什么做了这些球，现在还不能得知。

印度永不生锈的铁柱

在印度德里城附近的夏麦哈洛里，矗立着一根巨大的铁柱。这根柱子建于公元4世纪前后，高6.7米，最细的地方直径为0.37米，底部直径为0.42米，埋在地下部分的形状似一个洋葱头。这根柱子用熟铁铸成，实心，柱顶有着古色古香的装饰花纹。

最令人惊异的是，这根铁柱在露天中耸立了几千年，经历了无数风吹雨打，至今仍没有一点生锈的痕迹。难道几千年前人类就已经掌握了脱硫的冶炼技术？

人们都知道，铁是最容易生锈的金属，一般的铸铁，不用说千年，几十年就锈蚀殆尽了。直到现在，人们也没有找到能够防止铁器生锈的有效办法。

从理论上说，纯铁是不生锈的，但纯铁难以提炼，造价高昂。有些科学家分析了这根铁柱的成份，发现其中含有很多杂质，绝非纯铁。照理说应该比平常的熟铁更容易生锈才是。

如果说古代的印度人早已掌握了冶炼不锈铁器的技术，只是这种技术后来失传了，那么他们为什么在当时没有冶炼出其他任何不生锈的铁制器具呢？科学家在古印度的典籍中没有找到任何关于这方面的记载。那么，这根铁柱是谁铸造的呢？

国外许多大胆的科学家已经公开承认它是一种史前文化，是我们人类文明以前的文明，就是在我们人类文明以前还存在着文明时期，而且还不止一次。

从出土文物看，都不是同一个文明时期的产物。所以认为人类多次文明遭到毁灭性的打击之后，只有少数人活下来了，他们过着原始生活，又逐渐地繁衍出新的人类，进入新的文明。然后又走向毁灭，再

繁衍出新的人类，它就是经过不同的这样一个个周期变化的。物理学家讲，物质运动是有规律的，我们整个宇宙的变化也是有规律性的。

火箭浮雕

公元1948年至公元1952年间，墨西哥籍考古学家路利教授在巴伦杰神殿的"碑铭神庙"中，发现在巨大石室的墙上刻有9九位盛装的神官，及一位带有奇妙头饰青年的浮雕。经仔细观察，发现这个浮雕与现在的太空船十分相似！

浮雕中的图画，画着一个青年正在操作一台机器，这个机器的前端是流线型的，看起来十分精密复杂，还有类似仪表的东西。青年头戴头盔，头盔上有两条管子连着。

他弯着腰和膝盖，双手正在操纵着一些操纵杆，位置较高的一只手正在调节把手般的东西，较低那只手的4根指头，在操纵类似摩托车把手般的控制器。他双眼前视，左脚跟放在有好几道槽痕的踏板上。操纵者后面有个类似内燃机的设备。在内燃机箱后方可以看到有火焰喷出。

浮雕与玛雅碑文有密切的关系，被解读出来的碑文中，有

一节这样描述："白色的太阳之子，仿效雷神，从两手中喷出火……"怀疑的人说，这段恐怕是古代玛雅人对太阳崇敬所想象出来的情景。但是根据路利教授所发现的石雕却与碑文中所记载的这节相符。这个浮雕看起来与登陆月球的登月小艇真有几分类似。如果这张图真的是当初玛雅人照着他们建造的机器画的，那么他们已经具备从事太空探险的能力。也许那些精密的历法，正是遨游太空的玛雅人所需要的。

纳兹卡图案

著名的纳兹卡图案发现于秘鲁利马以南200千米的沙漠中，其

中一个清晰的图案大约长59千米，宽约1600千米，这些于20世纪30年代发现的奇特巨型图案令科学家们无法解释。

这些图案的线条非常笔直，一些线条彼此平行，更令科学家们吃惊的是，这些图案从空中观看时非常像远古飞行跑道，埃利希·冯·丹尼肯在自己的书中《上帝的战车》暗示这些图案很可能是外星人的飞行器跑道。

此外，还有一些巨大的图案在地面上，如猴子、蜘蛛、蜂鸟等。令人们费解的是，为什么要绘制如此庞大比例的图形，这些图形只有从空中才能进行观看。它们有什么重大意义呢？一些人认为它们与天文学有关，还有人将这些图案与宗教仪式联系在一起。

目前，最新的观点认为这些图案指示着宝贵的水源。但事实

上，以上的观点都没有确切的依据，迄今没有人真正揭晓其中的谜团。

百万年历史的铁制方钉

1851年，依利偌斯共和的一个商人从加州带回来一块像手掌一般大小的镀金水晶石，当他把这个石头拿给他的朋友看时，石头不小心从他的手中滑落，掉到地上后摔破了。在破裂的石头中间，他们居然发现了一个铁制方钉，微微有点腐蚀，但是很直，有着完整的钉子头。据调查，这个水晶石已有100多万年的历史了。

1865年，人们在内华达州一块长石里发现了一个0.0508米长的铁螺丝钉。这个螺钉早已被氧化了，但是从长石里的印子仍可看出螺钉的形状。经检测，这个石头已有2100万年的历史。

十万年历史的精湛金属花瓶

1851年的6月，在马萨诸塞州进行的爆破中，一个金属花瓶被炸为两半而飞出岩石。科学家将它们合二为一就拼成了一个钟形花瓶，高0.1143米，底座宽0.1651米，瓶口宽0.0635米，厚0.0032米。

花瓶由锌银合金制作，银占了相当大的比重。瓶身上还以纯银镶嵌了6朵花，呈簇状排列，下方绕以藤蔓，也由纯银镶嵌。雕刻和镶嵌的做工很精湛，出自于无名艺人之手。

花瓶自地下4.5米处破石而出，据估计有10多万年历史。但不幸的是，花瓶在博物馆间辗转相传很长时间后不知去向，很可能正在某个博物馆的地下室蒙尘，遭人遗忘。

延 伸 阅 读

1938年，一支考古探险队在我国西藏巴颜哈拉山脉的一些洞穴里发现了杜立巴神秘石。这些神秘石头有10000年至12000年的历史。石头上的螺旋凹槽旋转起来，就像小型象形文字在讲述着来自遥远世界的太空船紧急降落在巴颜哈拉山脉上的离奇故事。

哥斯达黎加巨型石球

发现巨型石球

位于中美洲南部的哥斯达黎加共和国，是一个美丽富饶的热带国家。境内大部分是山地和高原，北部和沿海为低地平原。在古代，曾经有 3 0000 多名印第安人栖息在这块土地上。

20世纪30年代末，美国联合果品公司的地界标定人乔治·奇坦迁前往哥斯达黎加热带丛林中实地考察开辟香蕉园的可能性。

在人迹罕至的三角洲丛林以及山谷和山坡上，他发现了约200个好似人工雕饰的石球。

乔治发现，这些石球大小不等，大的直径有几十米，最小的直径也在两米以上，制作技艺精湛，堪称一绝。加拉卡地区有一处石球群多达45个，另外两处分别有15个和17个，排列无规则，有的成直线，有的略成弧线。据怪异现象专家米切尔·舒马克研究，有些石球显然是从山上滚落下来，碰巧排成直线的。

神秘石球引发猜测

哥斯达黎加森林中发现大石球的消息一经传出，就引起了世界各国考古学家的重视。首先来到这里的是美国哈佛大学考古学家穆维勒·罗斯卢卡教授率领的考古队。他们想找到能说明这些神秘的大石球来历的线索，可是林海茫茫，除了参天大树和这些大小石球之外，其他连大一点儿的石块都没有找到。

可是当他们来到附近的马尔苏尔城的时候，不禁大吃一惊：城里街道的空地上几乎到处都有大石球，石球成了花园和门庭前的一种装饰。这些大石球是何人制作，又是怎样制作出来的？罗斯卢卡教授整天在这些大石球旁转来转去，百思不解，只好暂时率队回国。

随后，许多国家的考古学家纷纷来到哥斯达黎加，经过艰苦的考察和研究，他们得出了一致的结论：森林中的巨型石球是人工凿成的，石球的材料是花岗岩。然而当地并没有这种石料，制造一个直径2.4米的石球，需用一块重达20多吨的正方体石料。制造者是怎样找到那么大的石料，凿好后，又是怎样运来的？还有制造者以及制造时间等问题，哥斯达黎加的史册中并无记载。16

世纪，西班牙曾入侵此地，但西班牙人并不知道这里有大石球。

有的考古学家推测，这些大石球是远古时代当地人信奉的太阳神、月亮神等的雕像，有的考古学家认为，大石球可能是古人墓葬的标志，因为有人曾在古墓穴中发现过小石球。众说纷纭，莫衷一是。这件事便成了考古学中的一个谜团。

巨型石球传说

远在远古时期，生活在这里的印第安人大多数都是雕琢石头的巧匠能手。然而，有一点无疑必须肯定，雕琢如此硕大的石球必须付出艰巨的劳动，从来石、切割到打磨，每一道工序都要求不断地转动石块，要知道这些石球重达几十吨，这无论如何不是一件容易的事。

难道这些大有几十米的石球就是他们祖先在缺乏任何测量仪器的情况下，运用原始简陋的操作工具一刀一刀地雕琢而成的吗？这实在是令人难以置信的事。

在哥斯达黎加的印第安人中间，长期流传着古老的神奇传说，其中就有宇宙人曾经乘坐球形太空船降临这里的故事。因此，不少人在

对上述奇迹百思不得其解的情况下，便猜想这些大石球与天外来客有着直接联系。

依照印第安人的看法，这些天外来客降临这里后，在较短的时间内制作了大石球。并将它们按照一定的位置和距离进行了排列，布置成模拟某种空间天象的"星球模型"。

这些大石球象征着天空中不同的星球，它们彼此之间相隔的距离，表示星球间的相对位置。据说，天外来客试图利用这些石球组成的星球模型向地球上的人类传递某种信息。但是，有谁能理解这个星球模型的真正涵义呢？又有谁能知晓在这些大石球中，哪一个代表这些天外来客生活的故乡呢？

是大自然的杰作吗

哥斯达黎加的森林沼泽并不是世界上唯一发现石球的地方。比如，德国的瓦尔夫格堡、埃及的卡尔加、美国的加利福尼亚州和

新墨西哥州，以及新西兰的墨埃拉·鲍尔达海滩，都曾发现过神秘的石球。在我国山西雁北地区和新疆的第三纪砂岩中，也曾发现过砂岩类石球。并且，在一些火山附近，人们也发现有石球。

1930年，美国矿山工程师戈登就在墨西哥哈利斯科州银矿附近发现过一个大石球。接着，考古学家斯特林在其附近的阿梅卡山上发现一个更为壮观的"石球王国"。后来，美国地质学家史密斯进行考察，他认为，约4000万年前，阿梅卡曾发生过火山爆发。这些神秘的石球到底从何而来呢？

1969年，德国艾费尔采石场发现了一个大石球，直径5米多，

是爆破采石时滚出来的。在巴西有个小小的石球博物馆，那里收集的石球产自柯鲁柏，几何形状极为规则，光滑度无可挑剔。科学家对比提出种种假设。

地质学家研究后认为，这是大自然的"鬼斧神工"造就的。他们推测，这些石球或生成于砂层的结晶化过程中，或生成于火山灰之中。当地层深处的矿质溶液上升而进入砂层时，溶液中的某处有时会开始结晶化过程，此过程由结晶中心向四周均匀扩展。

于是在松散的砂层中就形成了一个坚硬的石球，球体中的砂粒被矿液所固结。随着时光流逝，松散的砂层渐渐被风化，其中的石球便脱颖而出。科学家认为，类似的过程也可以发生在火山灰中。柯鲁柏的石球中有两球相连的现象，这是由于两个结晶中心相距过近，所形成的石球碰到一起，长在一起，于是就形成了连体的石球。

我国河南省信阳县和罗山县交界处有一座珍珠岩矿，矿区内一个叫刘家冲的地方，也有一处地质奇观——火山石球带。这里的火山石球直径一般在0.1米至0.2米之间，最大的一个直径约3.2米。其新鲜断面呈灰白色，成分为石英质，有的具有同心环结构。地质学家认为，这些石球可能是熔岩喷发时，其中有些球状体在热力作用下上下翻滚形成的。

科学家虽然已经提出了不少假说，但是石球成因的确切而完整的解释还未作出。

延 伸 阅 读

世界上最大的一处"石球之乡"在埃及的哈尔加绿洲，一望无际的石球散落在地面，可惜由于砂子和暴风的侵蚀，已失去了原来的形状。据悉，这些石球形成于200万年以前。

古人的医学技术之谜

四千多年前的心脏分离手术

如果有人说距今4000多年前人类就能够对自己施行心脏分离手术、器官移植手术、面部整容手术、男女变性手术和大脑增大手术，你信吗？

这些让现代医学都望尘莫及的高难复杂手术，是科学家对古

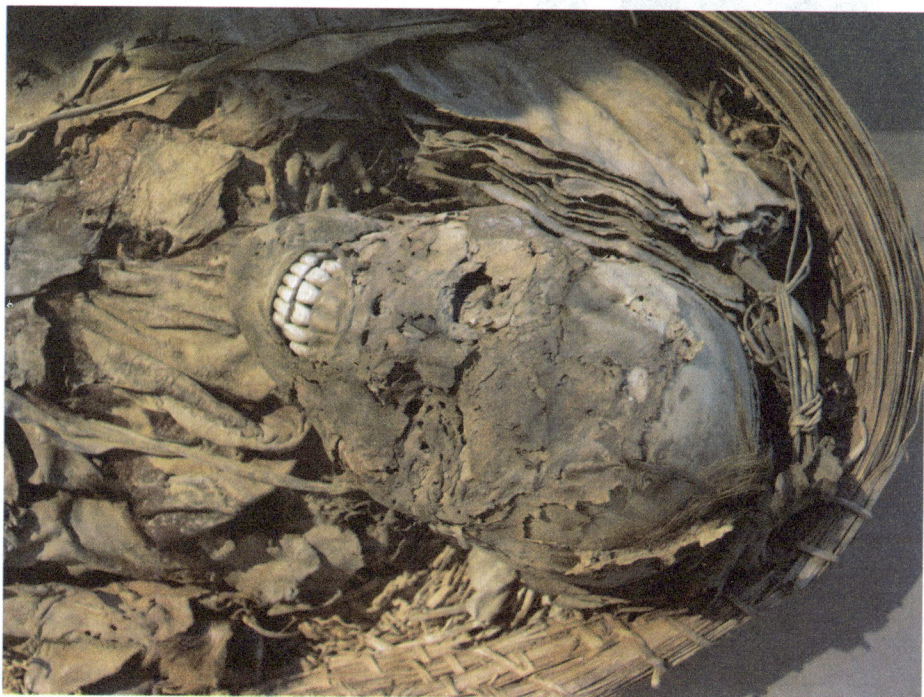

埃及4000多年前的数百具木乃伊研究中发现的，这说明古埃及的医生们在4000多年前，就已经懂得应该如何操作，才能使机体免疫细胞与异体的组织更好地结合而不使其坏死。

在这些案例中，其中有42具木乃伊是做过心脏分离手术的证据，还发现扁桃体和阑尾炎切除手术的痕迹，此外还发现类似面部整容和头发移植留下的外科手术疤痕。

古人懂点医学技术并不足为奇，但他们能有超越现代医学技术的水平吗？早在4000多年前，人类社会还处在相当原始的发展阶段，古人怎么可能进行如此复杂高难的手术呢？

另有一批科学家似乎可以帮助回答。那是1995年春，由俄罗斯、美国、英国和瑞典的考古学家组成的考察团，对蒙古中部人迹罕至的地区进行考察时，从一个大冰块中发掘出同是4000多年前的木乃伊。

考古学家在对其解剖分析和全面研究后发现，这具木乃伊生前的许多内脏器官都是人造器官。开始令科学家百思不解的是这些人造器官所用的材料是目前科学所无法确知的。

在如此严酷的事实面前，科学

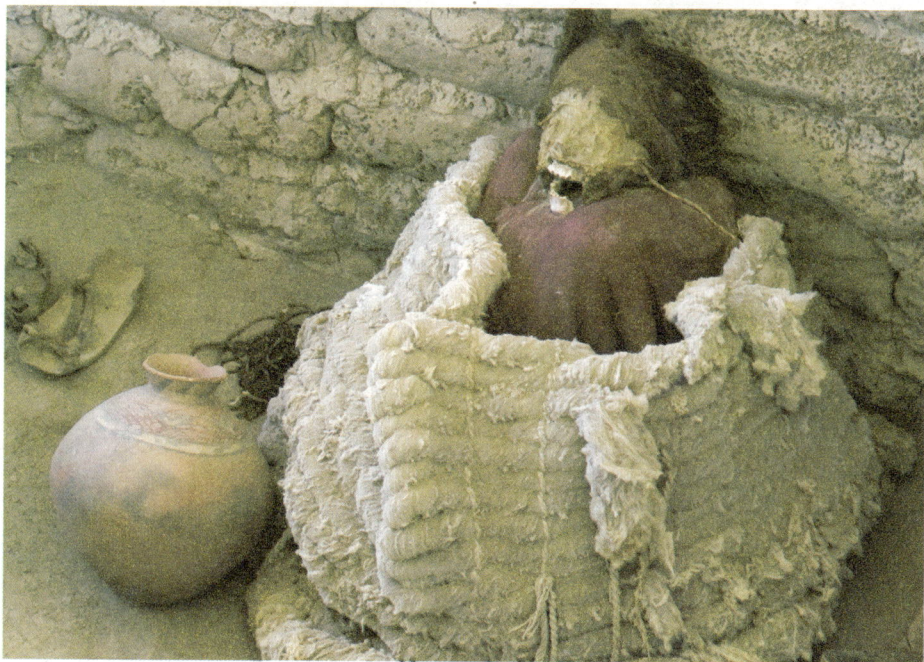

家不得不承认这具木乃伊身上所施行的一系列手术都远远超过我们的现代医学技术。

美国科学家借助现代医学监测设备对这具木乃伊进了全面而详尽的检测和研究，认为这是一具外星人的木乃伊。并进一步认为，只要学会制造和移植人造器官，便可以使人的寿命延长几百岁。一旦人体的某处原体器官出现了毛病，便可以用人造器官取而代之。

科学发展至今天，人类已经成功地分离出胚胎干细胞。从理论上讲，利用胚胎干细胞可以培育出心脏、骨骼、神经细胞、血液细胞、皮肤细胞、角膜和眼球等重要组织器官。

人类寄希望于干细胞技术将来能置换人体内因疾病或外伤而丧失功能的组织器官。

在人类目前还仅仅是寄予希望的事情，怎么会在4000多年前就有人实践了呢？是古人比现代人更聪明、科学更发达，还是人类的智力退化了呢？

五万年前的人造心脏

在非洲突尼斯北部一处偏僻的森林内，考古人员意外地发掘出一具史前穴居人的尸骸，这具尸体早已腐化，但在他胸腔内却发现一颗构造精密、十分完好，有许多金属配件组成的人造心脏。

根据用科学方法碳-14进行鉴定，这位穴居人已经死了50000多年了。

也就是说，人类直至20世纪才刚刚研制出来的人造心脏，原来50000年前就已经有人制造出并使用上了，这可能吗？

考古队长梅沙·夏维博士说："那尸体早已腐化，但他体内的人造心脏仍然十分完好，看来稍加修理便可再次使用。我们深信这确是一具来自50000万年前的人造

心脏。如果以前有人对我说有这么一件事，我准会大声嘲笑他，并指责为无稽之谈，可事实就摆在眼前。制造心脏的人，绝对不可能是穴居人，也不会来自我们这个星球。"

一位研究古代UFO的美国专家奇顿·兰拿说："我们曾经追溯至古埃及人是首批与外星人接触的地球人，但现在事实证明，早在地球有人类踪影的时候，便已经有外来的高智慧生物存在。那具在穴居人身上找到的心脏，虽然十分简单，但却有金属管道和一个类似泵的东西，看起来跟我们今天的人造心脏差不多。说明某种高智慧生物早在50000多年前便已来到地球，并给这个人进行了这样的心脏移植手术。或许这个穴居人并非真的有心脏病，只是被他们用做实验的白老鼠。"

一位考古学家雷福·柏斯提出了另外一种看法："这可能是

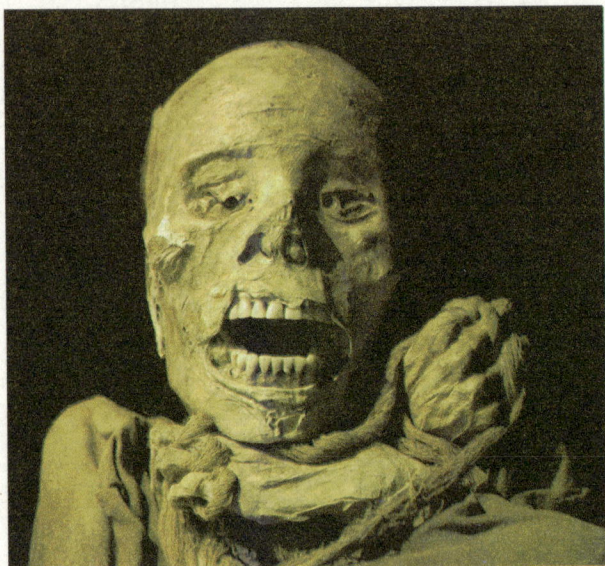

人类演化过程中失去的某一个重要阶段。或许我们这个世界曾经一度十分文明，但却在很久以前一次核战大灾难中毁灭了，然后经过一段漫长时期，一切生命才又重新开始。

这具人造心脏极可能是由旧世界一位侥幸生还的科学家，将它移植到一个穴居人身上，作为给后人的一种启示。"

科学家的分析是否有一定说服力呢，这还有待于进一步的研究。

延 伸 阅 读

1954年，美国医学家哈特韦尔·哈里森和约瑟夫·默里成功地完成了第一例肾移植手术。为了避免出现身体排斥外来组织这个最大的难题，这次手术是在一对双胞胎身上进行的。这个手术开创了人体器官移植的新时代。

木乃伊心脏跳动之谜

让世人为之震惊的发现

世界闻名的古埃及木乃伊不仅数目众多，而且保存完好，这实在让世人为之惊叹。到目前为止，人们已经在埃及这块神秘的土地上挖掘出了多少木乃伊，已无确切的统计。人们也无法估计在那里究竟还存在多少未被发掘的木乃伊。

随着一项项工作的展开，一具具木乃伊的出土，一个个新的问题层出不穷，一件件令人震惊、难解的蹊跷事也不断涌现出

来。在卢索伊城郊外出土的一具木乃伊里装有一个奇特的心脏起搏器，便让世人为之震惊。

在埃及卢索伊城郊外，人们将一具刚出土的木乃伊抬出墓穴，在准备将其交给国家文物部门收藏之前，先对其进行初步处理。这时一名参与处理工作的祭司在整理过程中，似乎觉得这具木乃伊存在某些与众不同的地方，于是他就仔细地检查眼前的木乃伊。

让他大为吃惊的是，他发现从这具木乃伊体内发出了一种奇特的有节律的声音。他循着声音找去，发现声音是从心脏发出来的，仿佛是心脏在跳动时所发出的声音。

难道是这个死者的心脏还在跳动吗？人们对此感到难以置信，因为这实在是不可能的。那么会不会是什么东西被藏到了这具木乃伊的心脏里了呢？

人们一时无法知道，因为他们还不敢去拆开缠布，原封不动地送到了地方诊所，地方诊所也不敢贸然处理这具奇特的木乃伊，随后，它被转送到了具有丰富经验的开罗医院。

两千年后仍跳动的起搏器

接到这具转送来的木乃伊后，开罗医院组织了一些经验丰富的专家对其进行检查，然而，他们仍然无法从尸体的表面查清声

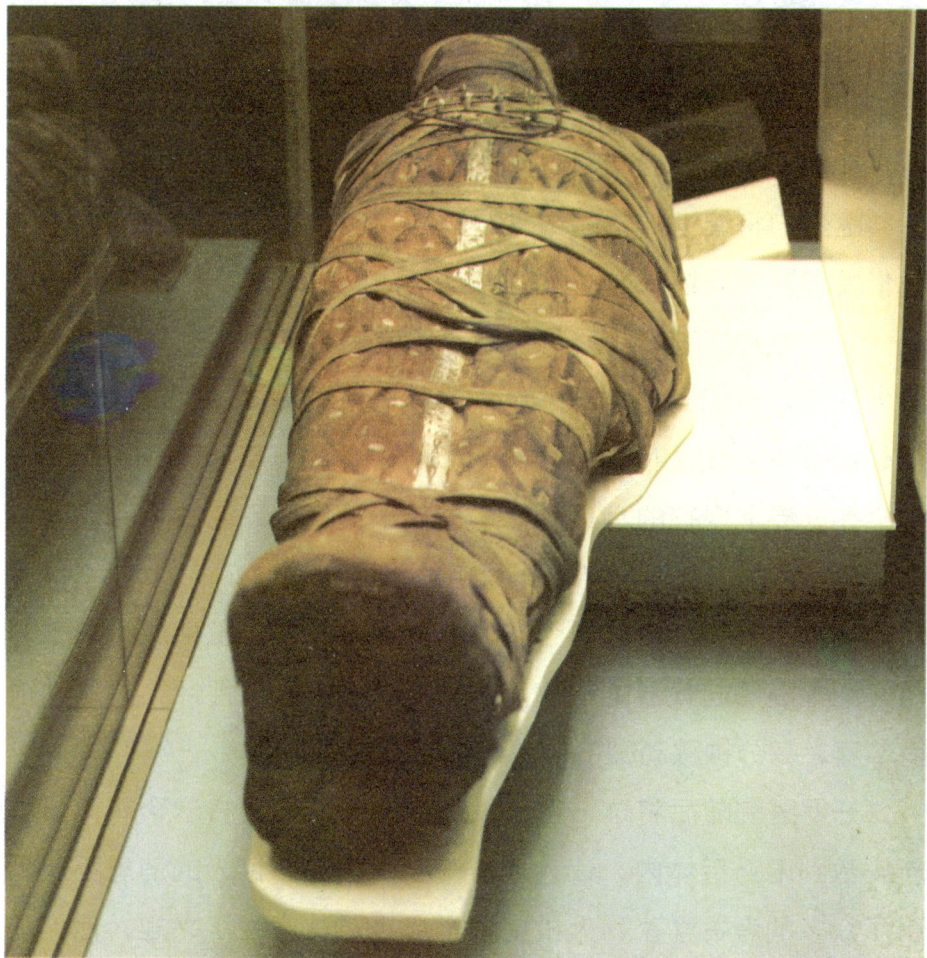

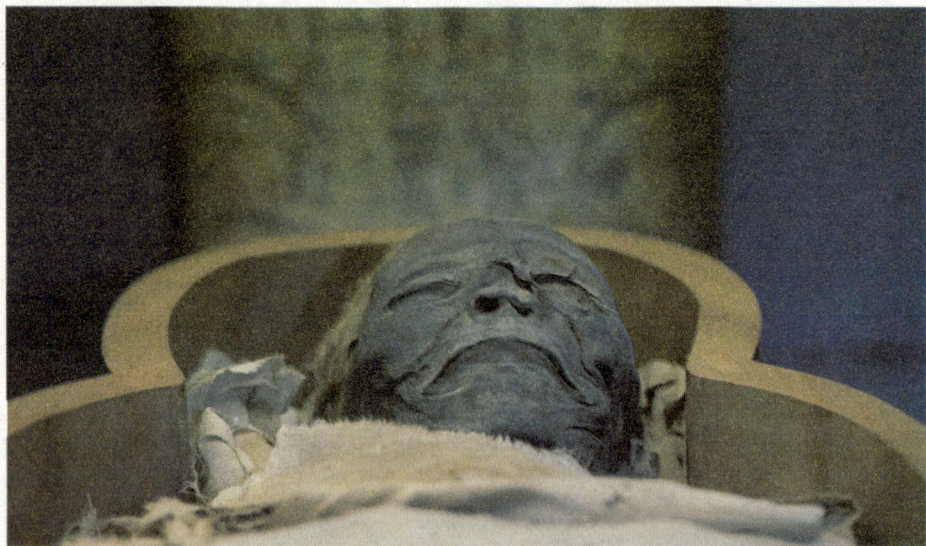

音存在的原因，于是决定进行解剖检查。

医生们将缠满尸体的白麻布拆开，对尸体进行了解剖，这时他们发现有一具起搏器位于尸体心脏的附近。

这个能在2000多年后仍然跳动的黑色起搏器引起了医生们的极大兴趣，他们利用先进的仪器对其进行了测试，发现这个起搏器是用一块含有放射性物质的黑色水晶制造的。

在世界上现存的水晶中，人们从未见到过黑色的水晶，而只见过白色的和少数浅红色的或紫色的水晶。

医生们发现，虽然这个2500年前的心脏早已干枯成为肉干，但它还是随着起搏器的韵律而跳动不止。它那"怦怦"的跳动很有节奏，每分钟跳动80下，人们可以清楚地听到。

开罗医院随后将这一重大发现公布于众，并将这个起搏器重新安放到木乃伊体内，让人们前来参观。这一惊人的消息不仅吸引了众多的考古学家，大批电子学家也对其产生了兴趣，他们从世界各地纷纷赶到开罗医院，对这具身藏心脏起搏器的木乃伊进行参观、探究。

大家都对这个神秘的起搏器叹为观止，同时，人们也都提出了这个黑色的水晶来自何方的问题。

黑色水晶之谜

在2500多年前能懂得黑水晶含有放射性的物质并可以使心脏保持跳动的是些什么人呢？

另外，人们又提出，作为协助心脏工作的心脏起搏器，一定是在人活着的时候被安放到人体内的。那么在古埃及的落后的医学条件下，当时的人们又是如何将如此先进的起搏器放入人的胸腔里去的呢？

专家们在这一系列难题面前陷入了深深地思考。有人认为，在文化发达的古埃及可能存在过一些具有特殊

能力的术士，这一历史奇迹就是这些术士利用奇异的手段创造出来的。那么，这个黑色的水晶起搏器是由什么人制造并植入人体内，它到底来自何处呢？这个难解之谜只能留待后人来解开了。

延 伸 阅 读

人们通常说的起搏器，其实是指整个起搏系统。起搏系统由起搏器、起搏电极导线及程控仪组成，其中起搏器和起搏电极导线植入人体。起搏器在需要的时候向心脏发出微小的电脉冲刺激心脏跳动。

印第安人的人头缩制术

与希瓦罗人的战争

公元前1450年前后，印卡部队在尤潘基的率领下攻打基多王国南厄瓜多一个省份，当时军中传说这一次征战意义重大。

本来印卡士兵全部训练有素，勇猛好战，但这一次是一帮特殊的希瓦罗族战士作为他们的对手，因此印卡部队不免有点犹

豫。希瓦罗人对缩制敌人人头很在行，并且满足于砍下敌人脑袋留作战利品，人头被他们缩成拳头那样大小，死者不散的灵魂也永不得翻身。

印卡人倒不怕被人砍掉脑袋拿去当战利品炫耀，因为这也是他们的惯施之技。3000年前这种习俗在南美洲十分普遍，没有什么可奇怪的。但印卡人相信头脑内藏有灵魂，所以最怕灵魂受制不得脱身。

希瓦罗人缩制人头为的正是要把敌人的灵魂牵制住。希瓦罗人在把人头缩制之前，仿佛要举行某种仪式，以使脑袋里的灵魂不能报复杀死他的人。

尤潘基取得了那场战争的胜利，可是希瓦罗人并不屈服，被打败后躲入丛林中。

为了炫耀胜利，别的部落民族战士会砍下敌人脑袋，而希瓦罗人却要举行仪式来缩小敌人的脑袋，使干瘪头皮困住敌人的灵魂，不再兴风作浪。否则，死者的灵魂即会报复杀害他的人。希瓦罗人相信死者灵魂若不用这种方法禁锢起来，自己将永无宁日。因此，如果说希瓦罗人也有害怕的事物，就是敌人那逃掉的灵魂。

希瓦罗人是如何缩制人头的

希瓦罗人把人头缩小，整个过程大概需要6天。当然，这6天时间一部分是用于举行某种仪式，也因为肌肉需要几个阶段才能完全

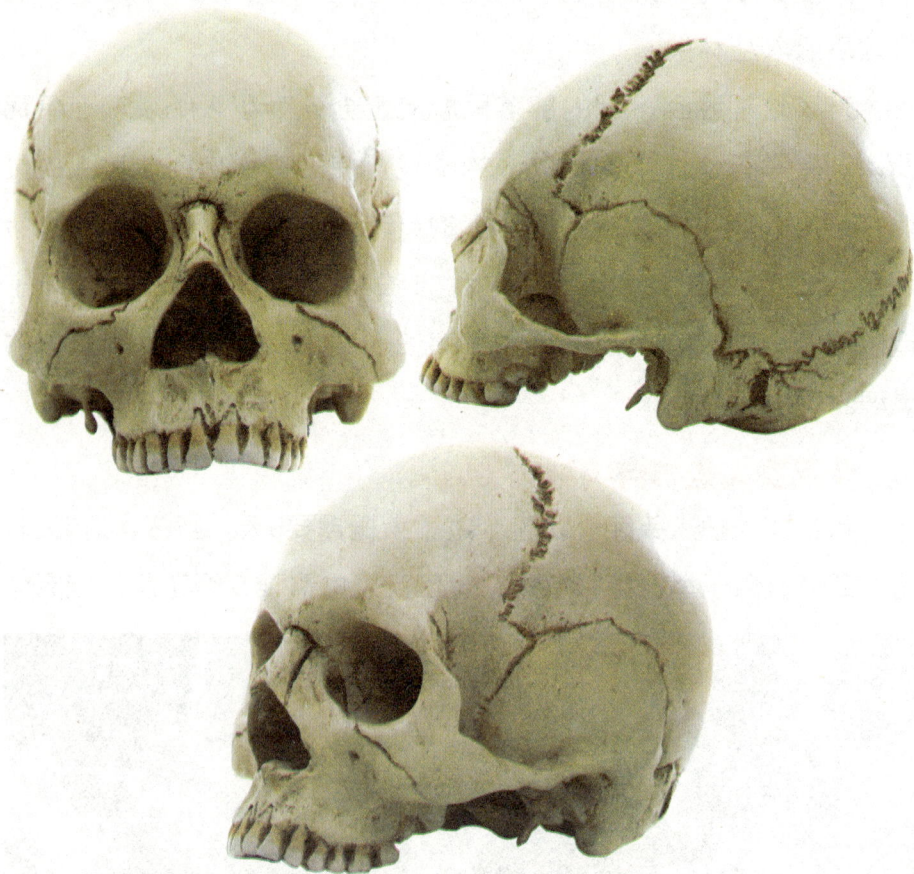

干缩。第一个步骤，也是最重要的步骤，是除去骨头，在颈项背面切开一道垂直的缝，然后像剥兔皮那样把头皮剥下，希瓦罗人将头骨、脑、眼睛和牙齿一起抛进河里，作为对森蚺的献礼。

跟着在好几个人警戒之下将头皮放到沸水里煮，水里也许放了某种收敛剂，使头发，眉毛不致脱落。头皮一煮便收缩到原来的一半大。刚从沸水捞出来的头皮很烫，所以要用一根棍子把头皮挑起来晾干，并将上下眼皮缝起来。

此时头皮呈淡黄色，有厚实感，摸起来有点像橡皮。希瓦罗族印第安人用烤热的卵圆石子进一步把头皮缩小，从颈部开口处一粒一粒放进头皮里面，抖动头皮使石子在内不停滚动，不让头皮某处太干而变形。

"嘶嘶"作响的头皮进一步收缩，而放进去的滚烫圆石也越晃越细小，直至很小的圆石也用过为止。面上汗毛必须烧掉，颈部切口周围则必须缝上细长结实的藤条，使之与头皮其他部分大小比例匀称。最后步骤是将热沙倒进头皮，等沙子冷却，头皮便变成拳头大小。再把嘴唇用3根硬木条穿起来，然后将嘴唇牢牢缝合。

在干缩工作完成前，还有几件事要做。一是用木炭将脸皮涂

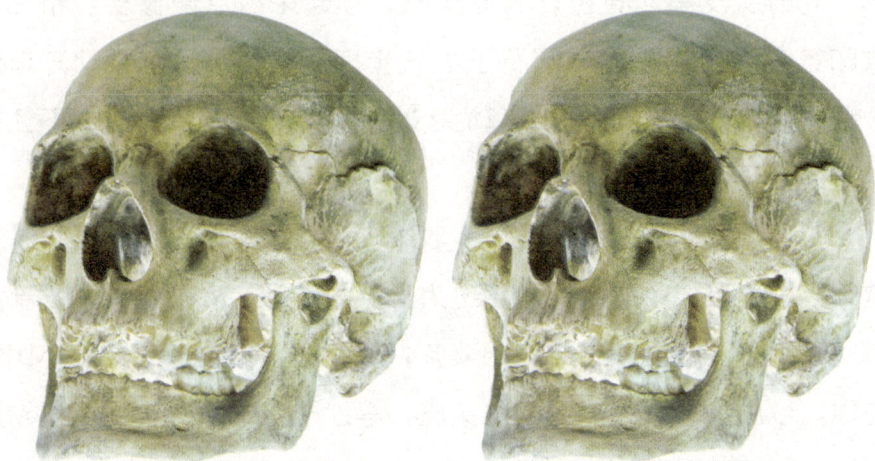

黑，使有意报仇雪恨的灵魂处于黑暗中。接着在合上的眼皮之间嵌进红黑两色的豆子，使它看起来像有眼睛一样凸出，最后，在头皮顶上钻个孔，用皮线把人头穿起来，挂在脖子上去参加庆功宴会。

延 伸 阅 读

　　希瓦罗是一个尚战好斗的民族，一个讲究妆容的民族，希瓦罗印第安人生活在安第斯山脉厄瓜多尔和秘鲁境内的东部斜坡地带，分布面积比整个瑞士还大，他们的文化是南美洲最重要的土著文化之一。他们在历史上极端残忍的名声可以追溯至1599年。

暗藏玄机的古代地图

皮里·雷斯地图的发现

1929年，在土耳其伊斯坦布尔的托普卡比宫，发现了一张用羊皮纸绘制的古代航海地图，地图上有土耳其海军上将皮里·雷斯的签名，时间是1513年。

这张地图被送到美国鉴定，美国海军水文局绘图专家沃尔特斯和马利，把地图画上坐标，同现代化的地球仪进行对比研究后宣布了一个轰动一时的发现，这张地图绝对精确，不只是北美和

南美沿岸，甚至南极洲也被准确地勾画出来，这张地图不只画下了各大陆的轮廓，而且连内陆地形、山脉、高峰、河流、岛屿和高原，都标画得清清楚楚。

地图中的南极洲的山脉几百年来一直被厚厚的冰层覆盖，肉眼无法看到，直至1952年，依靠地震回声探测仪才发现它的存在，难道这幅地图是南极洲被冰封雪盖之前的产物？

一艘宇宙飞船飞经开罗，摄下了一张高空照片，以开罗为圆心的周围8000千米内的地貌非常准确，但是，因为地球是个球形，所以，8000千米以外的大陆好像在下沉，而且被奇怪地拉长了，令人惊异的是，皮里·雷斯的地图正是如此，美国的月球探测器拍摄的照片也是如此！

难道皮里·雷斯的地图是根据一张高空拍摄的图片绘制的？是谁给他提供了这张原始照片呢？而且，南极洲上的山脉，冰封雪盖，至少已有15000年，谁能了解15000年前的南极地貌呢？

皮里·雷斯地图是如何绘制的

皮里·雷斯地图是真实的文件，它是由奥斯曼土耳其帝国海军将领皮里·雷斯于1513年在君士坦丁堡绘制的。皮里·雷斯是一位著名的船长，同时又是一个旅游制图家和收藏家。

据他在自己的地图集和这幅地图的说明中说，该图是根据前人的20幅地图绘制的，这20幅地图中有8幅是绘制于距今2400年前的亚历山大大帝时代。这幅地图的焦点是非洲西海岸、南美洲东海岸和南极洲北海岸。

皮里·雷斯不可能从当时的探险家获取有关资料，因为直至1818年，在他绘制地图300多年后，南极洲才被欧洲人发现。还有地图上显示的一个穆德后地不被冰封的海岸，是一个难解的谜团。

因为根据地质资料，穆德后地这个地区能在无冰状态下被勘测、绘图的最晚日期，是公元前4000年。有证据显示，该沿海地区在无冰状态中至少存在了9000年，然后才被扩大的冰层完全吞没。

然而，历史并没有一个文明，在公元前13000年至公元前4000

年之间，具有探测这段海岸的能力。历史学家认为，公元前4000年以前，地球上不可能有这样的文明存在。

1531年，奥隆丘斯·弗纳尤斯绘有一张古地图，上面标出的南极洲大小和形状与现代人绘制的地图基本一样。这张地图显示，南极大陆的西部已经被冰雪覆盖，而东部依然还有陆地存在。

根据地球物理学家的研究，大约在6000年以前，南极洲的东部还比较温暖，这与弗纳尤斯的地图所反映的情况十分吻合。

1559年，另一张土耳其地图也精确地画出了南极大陆和北美洲的太平洋海岸线，使人惊讶的是，在这张地图上有一条狭窄的地带，像桥梁一样把西伯利亚和阿拉斯加连在了一起，地图上所表示的无疑就是现在的白令海峡地区。

　　但是，白令海峡形成已经有10000多年了，西伯利亚和阿拉斯加中间的这条地带就是在那时消失在碧波万顷之下。不知为什么，这张地图的作者竟对10000多年以前的地球地貌了如指掌，简直令人不可思议。

　　这些地图是否正确呢？长期以来人们一直争论不休。1952年，美国海军利用先进的回声探测技术，发现了南极冰层覆盖下的山脉，与皮里·赖斯的地图对照，二者基本相同。在震惊之余不禁产生疑问，在10000多年以前人们是如何绘制如此精确的地图呢？

地图呈现给人们的困惑

　　皮里·雷斯地图呈现的是尚未冰封的南极洲海岸，而早在6000年前，这种无冰状态就已经结束，整个南极洲被覆盖在冰层之下。

皮里·雷斯在地图上亲笔承认，他从大量原始地图中搜集资料。作为蓝本的这些地图，部分是当时或不久前到过南极洲和加勒比海的探险家所绘制，其他则是公元前4世纪或更早之前遗留下来的文件。

1963年，美国新罕布什尔州基恩学院西方科学史教授查尔斯·哈普古德认为，绘制此地图所使用的原始地图，尤其是公元前4世纪流传下来的那部分，是根据更古老的地图绘制成的，而后者所依据的蓝本则更为古老。

他并强调，已有确凿的证据显示，早在公元前4000年之前，整个地球已被一个具有高度技术，但至今未被发现的神秘文明彻底勘测过，并绘制成地图，然后经由古代纵横世界海洋1000多年的迈诺斯人和腓尼基人流传到后代。这个神秘文明显然拥有先进的导航仪器，可以精确判断经纬度，其航海技术远远超越18世纪下半期之前的任何古代、中古或现代民族。

另外，地图对南美洲的地形也呈现得相当完整，它不但描绘出南美洲的东海岸，也勾勒出西部安第斯山脉，而当时的欧洲人还不知道这座山的存在。地图正确地显示亚马孙河发源于这条山脉，向东入海。

地图两次描绘亚马孙河：第一次，它将亚马孙河流经路线一直延续到帕拉河口，但玛拉荷岛却未出现，第二次，玛拉荷岛却

出现在地图上，而这座岛直至1543年才被欧洲人发现。这个神秘文明似乎在好几千年的时期中，对改变中的地貌进行持续的勘探和测绘。

马尔维纳斯群岛是在1592年才被欧洲人发现，但它却出现在1513年的地图上，纬度正确无误。

地图还描绘出一座位于南美洲东边大西洋中，如今已不存在的大岛。它刚好坐落在赤道北边大西洋中部的海底山脊上，距巴西东海岸约1300多千米，而今天这儿有两座名为圣彼得和圣保罗的礁石突出在水面上。

这难道是纯粹的巧合？要么，或许相关的原始地图是上个冰河时期绘成的。那时候，海平面比现在低得多，在这个地方，可能真的矗立着一个大岛呢！这实在难以让人理解。

世界各国绘制的地图

奥伦提乌斯·费纳乌斯于1531年绘制的世界地图。地图上的南极洲，整体形状和轮廓与现代地图所呈现的极为相像。地图的山脉形状不一，各有独特的轮廓，有些靠近海岸，有些位于内陆。河流发源于这些山脉，都依循非常自然而可信的排水模式。

这显示地图绘成时，这块大陆的海岸还未被冰雪覆盖。尤其显示出穆德后地、恩德比地、维克斯地，和位于罗斯海东岸的维多利亚地及马利伯德地被冰雪覆盖前的景况。然而，地图上所呈现的内陆，却完全不见山脉和河流，这意味内陆地区已全被冰雪所覆盖。

地图显示，最初绘制原始蓝本的人是生活在北半球最后一个冰河时期结束的年代。

18世纪，法国地理学家菲立比·布雅舍早在南极大陆被正式发现之前，绘制了一幅南极地图。地图呈现的是南极洲被冰雪覆盖前的真实面貌，揭示了如今被冰封的整个南极大陆的地形。

一条明显的水道将南极洲分成东、西两块大陆，而中间的分界线就是今天的"南极洲纵贯山脉"。

如果不被冰层覆盖，这条连接罗斯海、魏德尔海和白令生海的水道，就确实可能存在。正如1958年"国际地球物理年"的调查所显示的，南极大陆是由一个庞大的群岛组成，而这些岛屿之间阻隔着厚达约2000米的冰块。

公元前10000年左右，北半球各地的冰层消融，促使海平面上升。有一幅地图显示，瑞典南部覆盖着残余的冰山，而这类冰山当时普遍存在于这个纬度地区。它就是2世纪地理学家托勒密绘制

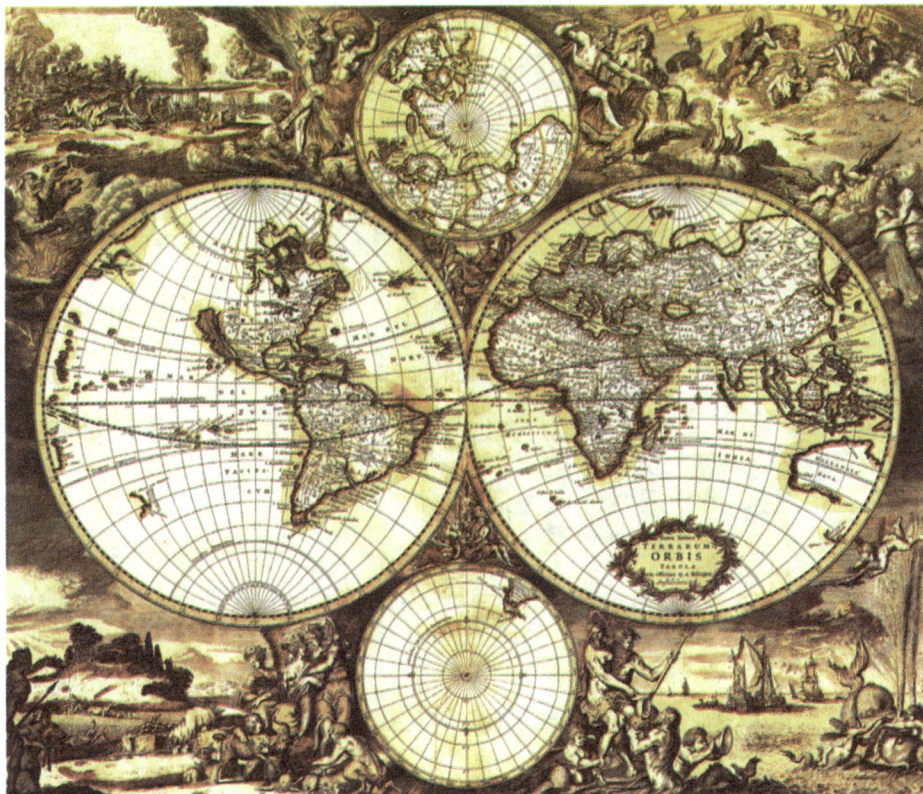

的"北方地图"。

地图不但呈现当时普遍存在的冰山，也描绘出具有今天形状的湖泊，以及跟冰川非常相似的溪流，从冰山流注到湖泊中。在托勒密绘制北方地图的时候是历史上的罗马帝国时代，西方人根本不知道欧洲曾经存在过冰河时代。

班扎拉航海图是由耶胡迪·伊宾·班扎拉于1487

年绘制的。它显示冰山存在于比瑞典更南的地区，约和英格兰同一纬度，而它所描绘得地中海、亚得里亚海和爱琴海，显然是欧洲冰层消融之前的面貌。这幅地图上的爱琴海，拥有比今天多得多的岛屿。

纵观这些神奇的古代地图，不可思议的是它们所呈现的地球地貌的所属年代，都是我们已知人类文明萌芽之前。那当时又是谁对南极洲、欧洲、南美洲……甚至整个地球持续了好几千年的勘探和测绘呢？

延 伸 阅 读

现在伊拉克境内发掘的刻在陶片上的地图，是世界上现存最古老的地图。图上绘有古巴比伦、底格里斯河和幼发拉底河。大约是公元前2500年刻制完成，距今大约4000余年了。